Küchengarten

frisch & lecker

> Autor: **Engelbert Kötter** | Fotografen: **Jutta Schneider, Michael Will** und andere bekannte Gartenfotografen | Zeichnerin: **Judith Starck**

Inhalt

Gartenpraxis
Das 5-Stufen-Erfolgsprogramm

>> frisch & lecker

Gartenpraxis

Die richtigen Arten wählen

Viel Freude werden Sie an Ihrem Küchengarten haben, wenn Sie eine gute Pflanzenmischung in passenden Mengen ziehen.
Ein Küchengarten steht für den puren Gartengenuss mit

> *Wärme liebende Kräuter fühlen sich in Töpfen sehr wohl.*

allen Sinnen: Erfrischendes Obst, feines Gemüse, knackigen Salat und schmackhafte Kräuter zu ernten – das macht einfach Spaß! Selbst im kleinsten Garten ist Platz für ein paar delikate Arten.

Finden Sie heraus, was Sie am liebsten selber ziehen möchten und wie viel Raum Ihnen dafür zur Verfügung steht.

Sinnvoll beschränken

Damit Ihnen der Garten wirklich Freude bereitet, sollten Sie Folgendes beachten:
➤ Haben Sie bis jetzt nur Zierbeete im Garten, auf die Sie nicht verzichten wollen? Das ist auch nicht nötig, denn Platz für Schmackhaftes ist selbst in kleinen Beeten (→ Seite 16) und es lässt sich gut mit Blütenpflanzen kombinieren.
➤ Wenn Sie einen relativ kleinen Garten haben, so empfiehlt es sich, nur Ihre Lieblingskräuter, zierliche Gemüse wie Pflücksalate und etwas Beerenobst wie Erdbeeren anzubauen.
➤ Lassen Sie sich in Ihrer Anbauplanung von dem leiten, was Sie besonders gern und oft verwenden möchten. Sind dies z. B. Basilikum, zarte Zucchini oder frischer Salat? Dafür gibt es sogar auf Balkon und Terrasse noch Anbaumöglichkeiten (→ Seite 18).

➤ Überschlagen Sie, welche Mengen an Nutzpflanzen Sie im Lauf des Gartenjahres überhaupt verzehren wollen und können. Wenn Sie z. B. jeden Tag nur Salat essen müssten, damit er nicht auswächst, würde er Ihnen bald zum Hals heraushängen. Deshalb ist es wichtig, Ihre Wunschpflanzen nur in kleinen Mengen und dafür satzweise anzubauen (→ Seite 14).
➤ Beachten Sie, dass die meisten Arten sonnige Plätze brauchen (Porträts → ab Seite 44).

Aus der Fülle wählen

Was wäre also ideal für Ihren Küchengarten?
➤ Der Anbau von Beerenobst braucht wenig Platz und ist selbst im kleinen Garten sehr rentabel, weil gekaufte Beeren nicht selten recht teuer sind. Einfach und preiswert lassen sich z. B. stachellose Brombeeren am Spalier neben der Terrasse oder Stachelbeeren als Hochstämmchen im Blumenbeet ziehen.
➤ Wenn Sie Platz für Bäumchen mit Äpfeln und Birnen haben, wählen Sie besser Sor-

ten, die es im Laden kaum gibt. Die schwachwüchsigsten Formen gedeihen selbst noch im Kübel (→ Seite 8/9).

➤ Gemüse ist im Küchengarten nahezu ein Muss. Viele Arten wie Zwiebeln werden allerdings günstig verkauft. Bauen Sie hier lieber feineres Gemüse wie Feuerbohnen, Physalis oder Zucchini an.

➤ Bei den Kräutern lohnt es sich nicht nur, die Arten anzubauen, die Sie häufig verwenden. Interessant sind auch selten angebotene Kräuter wie Liebstöckel sowie buntlaubige Formen und dekorative Kräuterblüten wie Boretsch oder Kapuzinerkresse.

> *Mischkultur hält die Pflanzen gesünder und sieht hübsch aus.*

Arbeitszeit und Kosten

Wählen Sie die Fläche Ihres Küchengartens mit Bedacht, damit Sie die nötigen Pflegemaßnahmen auch zur rechten Zeit durchführen können. Die Arbeit im Garten soll Sie ja nicht belasten, sondern erholsam und genussvoll sein.

➤ Etwa 1 Stunde Arbeitszeit pro Quadratmeter und Jahr müssen Sie für den Garten einrechnen. Also lieber etwas kleiner als zu groß planen!

➤ Nutzen Sie alles aus, was Ihnen die Arbeit erleichtert: Wählen Sie pflegeleichte, ro-

buste Sorten (→ Porträts ab Seite 44), setzen Sie Gärtner-Tricks ein wie die Mischkultur (→ Seite 23), und bedienen Sie sich hilfreicher Technik wie einer automatischen Bewässerung.

➤ Als Grundausrüstung werden Sie zunächst Gartengeräte (→ CHECKLISTE), Pflanzgefäße, Pflanzerden, Dünger sowie Samen und Pflanzen benötigen. Ist aber der Grundstock einmal gelegt, fallen später nur noch geringe Kosten an. ∎

CHECKLISTE

Geräte, die Sie wirklich brauchen

✔ **Boden pflegen:**
Spaten, Grabegabel, Hacke, Harke, Grubber

✔ **Transportieren:**
Eimer, Klappkisten, Schubkarre, Kübel-Tragegurt

✔ **Schneiden:**
Messer, Gartenschere, Säge

✔ **Wässern:**
Gießkanne, Schlauch mit Rollwagen und Gießgerät, ggf. automatische Bewässerung

✔ **Aussäen:**
Saatkiste oder Multitopfplatte, Zimmergewächshaus, Pikierstab, Stecketiketten

Naschobst im Garten

Johannisbeeren im Beet und Erdbeeren in der Ampel – selbst im kleinsten Küchengarten gedeihen noch solch beerige Genüsse!
Baumschulen und Gartencenter bieten vielerlei Obstgehölze an. Von fast allen Arten gibt es verschiedene Sorten. Obstsorten besitzen jeweils:
➤ ein sortentypisches Aussehen (z. B. die Farbe),
➤ eine eigene Reifezeit (früh, mittel oder spät) und

Saftige Äpfel können sogar noch im Kübel gezogen werden.

➤ einen unterschiedlich ausgeprägten Geschmack (eher süß oder säuerlich, schwächer oder stärker aromatisch).

Aus der Vielfalt wählen

Obst wird in folgende Gruppen eingeteilt:
➤ Äpfel, Birnen, Quitten – diese Früchte finden Sie in Ihrer Gärtnerei unter dem Sammelbegriff Kernobst.
➤ Pflaumen, Zwetschgen, Mirabellen, Renekl250den, Aprikosen, Nektarinen und Pfirsiche sind Steinobst.
➤ Beerenobst ist besonders artenreich: Es gibt Brombeeren, Heidelbeeren, Himbeeren, Johannis-, Preisel- und Stachelbeeren, dazu noch Feigen, Kiwis und Weintrauben. Die robusten Jostabeeren sind übrigens eine Kreuzung von Johannis- und Stachelbeere.
➤ Nicht zu vergessen die Erdbeeren, sie sind aber kein Gehölz, sondern eine Staude.
➤ Lust auf Nüsse? Auch Haselnüsse und Walnüsse können Sie im eigenen Naschgarten ernten.
➤ Zunehmend beliebt ist Wildobst. Das sind ausge-

wählte Kulturformen von Fruchtgehölzen, die hierzulande in freier Natur vorkommen, wie Felsenbirne, Holunder, Kornelkirsche, Mispel, Sanddorn oder Vogelbeere.

Standortansprüche

Obst will einen sonnigen Platz im Garten, damit die Früchte ihr volles Aroma entwickeln können. Fast alle Arten kommen mit durchschnittlichen Böden gut zurecht. Preiselbeere und Heidelbeere wollen einen sauren Boden. Frostempfindlich sind Mirabellen, Renekl250den, Aprikosen, Nektarinen, Pfirsiche, Feigen, Kiwis und Wein. Wenn Sie nicht gerade im Weinbauklima wohnen, sollten Sie diese Arten nur an warmen, geschützten Stellen auspflanzen.

Was braucht wie viel Platz?

Obstgehölze können Jahrzehnte alt werden – und wenn Sie eine schlechte Wahl getroffen haben, auch zu groß! Die meisten Obstsorten sind auf eine Unterlage veredelt,

> Selbst von Sauerkirschen gibt es klein bleibende Baumformen.

die die Wurzeln und einen Teil des Stammes bildet. Sie bestimmt, wie stark das Obstgehölz wächst. Die klassischen Obstbaumformen Halb- und Hochstamm sind für den kleinen Garten viel zu groß. Heute dominieren zierliche Formen auf entsprechend schwachwüchsigen Unterlagen, die dazu bereits in jungen Jahren Früchte tragen.

➤ Ein Buschbaum hat eine Stammhöhe von 60 cm. Er wird ca. 3 m hoch und braucht rund 3 x 3 m Fläche. Es gibt Kern- und Steinobst in dieser Wuchsform.

➤ Ein Spindelbusch ähnelt entfernt einem Tannenbaum, weil seine Krone viel schlanker ausfällt. Er wird allerhöchstens 2 m hoch und braucht etwa 2,5 x 2,5 m Fläche. Man zieht Äpfel und Birnen in dieser Form. Spindelbüsche eignen sich auch für die Kultur im Kübel.

➤ Ein Säulen- oder Ballerinaapfel erreicht gut 2 m Höhe und nur 30 cm Breite, weil er am Stamm lediglich ganz kurze Seitentriebe bildet. Er ist sehr gut für die Kultur im Kübel geeignet, kann auch ausgepflanzt werden und braucht dann 0,6 x 0,6 m Fläche.

➤ Als Strauch wächst das meiste Beerenobst. Es wird je nach Art etwa 1–1,5 m hoch und braucht 1 x 1 m bis 1,5 x 1,5 m Fläche. Brombeere, Kiwi und Wein benötigen eine Kletterhilfe.

➤ Als Hochstämmchen werden Johannis- und Stachelbeeren angeboten: Auf einem etwa 80 cm hohen Stamm sitzt eine buschige Krone. Platzbedarf: 1 x 1 m.

Interessante Sonderformen

Für den kleinen Küchengarten gibt es Platz sparende Wuchsformen:

➤ Ein Buschbaum kann auch am Spalier gezogen werden. Seine Krone ist dann nicht rund, sondern sie erstreckt sich flach in zwei Richtungen. Er ist besonders hübsch an einer Wand oder in der Gruppe als blühender, fruchtender Zaunersatz und Sichtschutz. Allerdings muss ein Spalier an einem Drahtrahmen gezogen werden und verlangt einige Schnittarbeit.

➤ Äpfel, Birnen, Pflaumen und Kirschen werden auch als Duo-Obst angeboten – da wachsen gleich zwei Sorten auf einem Baum! ■

PRAXISINFO

Beerig gut!

Feine Früchtchen gibt es in vielen Varianten:

✗ **Brombeeren**
»Bedornte« gelten als aromatischer und frostfester als »unbedornte«.

✗ **Feigen**
Exotisches für unsere Breiten: 'Violetta' heißt die bis über −15 °C frostfeste »Bayernfeige«.

✗ **Himbeeren**
Einige Sorten fruchten im Sommer, andere im Herbst, einige sogar zweimal. Es gibt rot- und gelbfruchtige Formen.

Köstliche Gemüse, Salate und Kräuter

Bei geschickter Auswahl können Sie eine große Vielfalt selbst im kleinen Garten, auf Balkon und Terrasse anbauen.

Die Anzucht von Gemüsen, Salaten und Kräutern gelingt auch Einsteigern. Beginnen Sie mit so unproblematischen Arten wie Mangold, Salat und Schnittlauch. Ein paar robuste Arten haben immer noch irgendwo Platz, sogar auf Terrasse und Balkon!

Genüssliches Gemüse

Wählen Sie ganz nach eigenen Vorlieben und dem Standort aus. Die meisten Arten wollen volle Sonne, im Halbschatten gedeihen noch Mangold, Rote Bete, Schnittsalat und Spinat.

➤ **Früchte** erntet man von Bohnen, Erbsen sowie wärmebedürftigeren Arten wie Aubergine, Paprika, Tomate und Zuckermais.

➤ Die **Blätter** werden von Blattkohl, Mangold, Salat und Spinat verwendet.

➤ **Stiele** erntet man von dem pflegeleichten, aber platzbedürftigen Rhabarber, Sprosse vom Spargel.

➤ **Knollen, Rüben** und **Wurzeln** verzehren wir von so robusten Pflanzen wie Kohlrabi, Möhren, Pastinaken, Radieschen, Rettich, Roter Bete, Schwarzwurzeln und Steckrüben.

➤ Zu **Zwiebeln** zählen Gemüse-, Lauch- und Speisezwiebeln, Schalotten und Porree. Alle sind unkompliziert.

> *Kräuter mit ähnlichen Ansprüchen lassen sich gut zusammen ziehen.*

> *Von Salbei gibt es sehr hübsche Sorten mit mehrfabigen Blättern.*

➤ **Blüten** und **Knospen** erntet man von Artischocken, Brokkoli und Blumenkohl.

Leckere Salate

Sie brauchen wenig Platz und fast alle wollen volle Sonne, nur Schnittsalat begnügt sich mit Halbschatten.

➤ **Kopfsalat** bildet runde Köpfe aus. Eine Variante ist der krachblättrige Eissalat. Es gibt von beiden grüne und rotbraune Sorten. Bauen Sie nicht zu viel auf einmal an, denn beide wachsen rasch aus (bilden Blüten) und sind dann ungenießbar.

➤ Einen ovalen, lockeren Kopf bildet der **Romanasalat**, auch Römischer Salat genannt. Er wächst im Sommer kaum aus.

➤ **Schnittsalat** wird bereits mit ca. 10 cm langen, zarten Blättern geschnitten.

➤ Bei **Pflücksalat** wie Eichblattsalat, 'Lollo rosso' oder 'Lollo verde' können die Blätter von unten her fortwährend gepflückt werden, so dass nach und nach kleine Salat-Stämmchen entstehen.

➤ **Endiviensalat** und **Frisée** werden wie Kopfsalate geerntet, beide sind Herbst- und Wintersalate.

➤ Der **Feldsalat** bildet kleine Blattrosetten, die vom Herbst bis ins späte Frühjahr geschnitten werden können.

➤ Ganz neu sind die trendigen, nach ihrer Herkunft benannten **Asia-Salate**, z. B. Gemüsemalve, Gemüsemelde, Mizuna, Salat-Chrysantheme und -Nessel.

Würzige Kräuter

Treffen Sie die Auswahl ganz nach Geschmack und dem verfügbaren Platz:

➤ **Sonnig** und **trocken** lieben es Bohnenkraut, Lavendel, Majoran, Oregano, Rosmarin, Salbei und Thymian.

➤ **Sonnig** und **mäßig feucht** sind ideale Plätze für Basilikum, Boretsch, Dill, Estragon,

Bunte Salat-Mischungen sehen erst im Beet, dann in der Schüssel gut aus.

Kapuzinerkresse, Kerbel und Zitronenmelisse.

➤ Im **Halbschatten** gedeihen noch Gartenkresse, Liebstöckel, Petersilie, Pfefferminze und Schnittlauch.

➤ **Klein** bleiben Basilikum, Kerbel, Gartenkresse, Petersilie und Thymian.

➤ **Mittelhoch** und buschig werden Bohnenkraut, Lavendel, Pimpinelle und Salbei.

➤ **Platz brauchen** Boretsch, Dill, Estragon, Liebstöckel, Melisse und Pfefferminze. ■

So lange leben Ihre Kräuter:

✗ **Einjährige Kräuter:** Basilikum, Bohnenkraut, Boretsch, Dill, Kapuzinerkresse, Kerbel, Koriander, Majoran, Portulak und Ringelblume

✗ **Zweijährige Kräuter:** Fenchel, Kümmel und Petersilie

✗ **Mehrjährige Kräuter:** Beifuß, Bergbohnenkraut, Estragon, Lavendel, Liebstöckel, Meerrettich, Minze, Pimpinelle, Rosmarin, Salbei, Sauerampfer, Schnittlauch, Thymian und Zitronenmelisse

Kürbisse
selber ziehen

Kürbisse gibt es in großer Vielfalt, vom Zwerg bis zum Riesen. Sie lassen sich schnell und ganz einfach ziehen. Praktisch für die Aussaat sind Torfquelltöpfe, die es getrocknet als kleine, leichte Scheiben zu kaufen gibt. Vor dem Säen – am besten ab Mitte April – musst Du sie in eine Schüssel mit Wasser legen. Innerhalb einer halben Stunde haben sie sich vollgesogen und Du kannst sie dicht an dicht in eine Schale stellen.

Oben hat jeder eine Öffnung, in die Du je einen Kürbis-Samen stecken kannst. Stelle die Schale mit den Töpfen an einen hellen, warmen Platz, wo Temperaturen zwischen 16 und 20 °C herrschen. Die Töpfe dürfen jetzt nicht mehr ganz austrocknen! Schaue jeden Tag, ob Du sie etwas gießen musst und ob die Samen bereits keimen. Zuerst wird ein kleiner grüner Trieb sichtbar, der sich zum ersten Blatt entfaltet. Nach

und nach bilden sich weitere Triebe. Sobald sich zwei Blätter voll entwickelt haben, kannst Du die Kürbispflanze ab Mitte Mai in ein Gartenbeet setzen. Grabe hierfür ein Loch in die Erde, das ausreichend groß für den Wurzelballen ist. Setze den Ballen in das Loch und drücke ihn mit Erde fest. Jetzt noch vorsichtig angießen und dann auf die Blüten warten. Schon in wenigen Wochen werden die ersten Kürbisse wachsen.

PRAXISINFO

Kürbisse anbauen

🕐 **Zeitbedarf:**
30 Min. für das Quellen der Töpfe
je 10 Min. fürs Säen, Pflanzen und Ernten eines Kürbisses

Material:
✗ Torfquelltöpfe
✗ Schale
✗ Kürbissamen

Werkzeug:
✗ Pflanzschaufel
✗ kleine Gießkanne mit Brause
✗ Messer zum Abschneiden

Kürbis-Vielfalt

Von Speisekürbissen gibt es Sorten, die riesige Früchte ausbilden. Du kannst in ihre Schale zu Halloween auch ein lustiges Gesicht schnitzen.

➤ Handlicher sind klein bleibende Formen wie Hokkaido- und Spaghetti-Kürbis.

➤ Ebenfalls nicht zu groß werden die lustigen weißen »fliegenden Untertassen«, auch Patisson genannt, oder bunte Zierkürbisse mit ihrer oft warzigen Haut.

Samen aussäen

1

Setze die feuchten Quelltöpfe in eine Schale und drücke dann in jeden Topf einen Kürbis-Samen. Stelle alles an einen hellen, warmen Ort und halte die Töpfe feucht.

Pflanze einsetzen

2

Grabe mit der Pflanzschaufel ein Loch, das ausreichend groß für den Wurzelballen ist. Setze die Pflanze hinein, drücke den Ballen mit den Händen an und wässere ihn mit der Gießkanne.

Kürbis ernten

3

Kürbisse sind erntereif, sobald es hohl klingt, wenn Du mit dem Finger an die Schale klopfst. Schneide den Stiel vorsichtig mit einem Messer ab.

Pflanzen vermehren und heranziehen

Viele delikate Arten von Obst, Gemüsen, Salaten und Kräutern können Sie selbst ganz leicht vermehren und heranziehen.
Grundsätzlich gibt es zwei sehr unterschiedliche Vermehrungsarten, die durch Samen und die über Pflan-

➤ *Kapuzinerkresse hat sehr große Samenkörner und lässt sich einfach aussäen.*

zenteile. Geschützte Sorten dürfen jedoch nicht vermehrt werden, sie sind durch das Zeichen ® und den Hinweis »Unerlaubter Nachbau verboten« gekennzeichnet.

Vermehren durch Pflanzenteile

➤ Durch 15–20 cm lange, von etwa bleistiftdicken Trieben geschnittene **Steckhölzer** kann im Frühherbst oder Frühling Beerenobst wie die Johannisbeere vermehrt werden. Schneiden Sie das untere Ende eines Steckholzes schräg an, stecken Sie es zu zwei Dritteln seiner Länge in gelockerten Boden und gießen Sie an. Lassen Sie die Erde nie ganz austrocknen.

➤ Durch **Ausläufer** lassen sich Erdbeeren vermehren: Die Pflanzen bilden an langen Ranken Jungpflanzen, die im Beet einwurzeln. Die kräftigsten werden Mitte Juli nach Kappung der Ranken ausgegraben und auf ein neues Beet gesetzt.

➤ Durch **Teilung** können Sie viele Kräuter vermehren (→ SPARTIPP).

Vermehren durch Saatgut

Samen sind billig und die Aussaat ist auch für Laien einfach. Achten Sie beim Kauf auf hochwertiges Saatgut:

➤ **Qualitätssaatgut** enthält Angaben zu Art und Sorte, die Kulturanweisung und ein Verfallsdatum. Oft werden Samen von **F1-Hybriden** angeboten. Mit F1 ist die erste Tochtergeneration eines speziellen Züchtungsverfahrens gemeint. Diese Hybriden haben bestechende Eigenschaften, die sie jedoch über Samen nicht mehr weitergeben. Es muss also stets Saatgut nachgekauft werden – und das ist oft nicht ganz billig.

SPARTIPP

>> frisch und lecker

Kräuter selbst vermehren

Viele Kräuter wie Pfefferminze oder Schnittlauch können Sie durch Teilung ab Ende September selbst vermehren.

➤ Graben Sie den Wurzelballen der Pflanze mit dem Spaten aus.

➤ Stechen Sie von ihm mit dem Spaten Teile ab, pflanzen Sie sie in frische Erde und gießen Sie an.

1
Saatrille ziehen

Rillen können Sie mit einem Geräte-Stiel ziehen. Wer sie ganz gerade haben will, spannt vorher eine Schnur.

2
Saatband legen

Wickeln Sie das Saatband in die Rille ab. Dabei die richtige Seite (Aufschrift) nach unten legen.

3
Rille schließen

Decken Sie das Saatband mit Erde ab, und drücken Sie es fest. Danach gießen.

➤ **Pillensaatgut** hat eine wasserlösliche Umhüllung, dadurch ist es größer und kann leichter ausgesät werden.

➤ In **Saatbänder** eingebundene Samen liegen bereits im richtigen Abstand zueinander. Die Bänder müssen nur noch in die Saatrille hinein abgewickelt werden.

➤ **Selbsternte** von Samen ist bei einigen Gemüsen und Kräutern möglich, z. B. bei Boretsch. Lassen Sie die Samenstände voll ausreifen, entnehmen Sie die Samen und lassen Sie sie noch an einem warmen Ort nachtrocknen. Bewahren Sie sie kühl und dunkel auf.

Erfolgreich aussäen

Halten Sie sich an die Angaben auf der Samentüte über Aussaatzeit, Saatdichte, -tiefe und Reihenabstand. Gehen Sie bei der Reihensaat so vor:

➤ Graben Sie vor der Saat den Boden spatentief um, und glätten Sie die Schollen danach mit einer Harke.

➤ Messen Sie mit dem Metermaß die Reihenabstände aus, und markieren Sie sie mit ausgespannten Pflanzleinen. Entlang der Leinen ziehen Sie mit dem umgedrehten Harkenstiel die Saatrillen.

➤ Säen Sie gemäß den Empfehlungen, und markieren Sie die Reihen mit beschrifteten Stecketiketten.

➤ Spät keimende Arten wie Möhren erhalten eine Markierung mit dazwischen gesäten Schnellkeimern wie Radieschen.

➤ Frostempfindliche Arten wie Tomate, Paprika und Zucchini müssten im Haus vorgezogen werden. Hier ist es einfacher, fertige Pflanzen im Handel zu kaufen. ■

PRAXISINFO

Pflanzen selbst in Reihen aussäen

🕐 **Zeitbedarf:**
ca. 15 Minuten pro Quadratmeter sauberer, gelockerter Beetfläche

Material:
✗ Qualitätssaatgut
✗ Stecketiketten und Bleistift zum Markieren der Reihen

Werkzeug:
✗ Spaten
✗ Harke oder Rechen
✗ Metermaß und Pflanzleine

Beete bepflanzen

Obst, Gemüse, Salate und Kräuter richtig in die Erde zu pflanzen, ist nicht schwer – so gelingt es mit Sicherheit: Wählen Sie den Platz für Ihren Küchengarten so, dass Sie ihn leicht erreichen.

> *Radieschen, Salate, Kräuter und vieles mehr gedeihen gut im Erde-Sack.*

➤ Kleine Obstbäume und Beerensträucher setzen Sie am besten an die Ränder des Gartens. An Mauern wachsen gerne Brombeeren, Kiwis und Weinreben. Die Gartenfläche können Sie mit Spalieren oder markant platzierten Mini-Bäumen strukturieren. Die Obstgehölze dürfen jedoch Beete nicht beschatten.

➤ Gemüsebeete sollten Sie in einem sonnigen Bereich anlegen. Sie können Sie durch vorgepflanzte Stauden (z. B. Margeriten) oder eine Obsthecke (z. B. Brombeeren am Spalier) kaschieren. Hübsch gestaltete Gemüsebeete können durchaus eine Augenweide sein (→ Seite 22).

➤ Es hat sich bewährt, die Beetfläche durch einen Mittelgang (je nach Platz 30–100 cm breit) und wo möglich davon abzweigende Seitenwege ins Beet hinein (15–30 cm breit) zu erschließen. Die Breite der dabei entstehenden Teilbeete sollte 1,20 Meter betragen. So können Sie alles gut erreichen.

➤ Legen Sie den Kräutergarten in der Nähe des Hauses an. Dann haben Sie bei jedem Wetter rasch gartenfrische Kräuter. Besonders günstig ist ein Platz an der Wärme speichernden Terrasse.

Richtig pflanzen

Die beste Pflanzzeit für fast alle Obstbäume, Beerensträucher und ausdauernden Kräuter ist der Herbst. Weil heute die meisten Pflanzen aber im Topf bzw. Pflanzcontainer verkauft werden, können sie praktisch rund ums

---

TIPP

Gemüse aus dem Sack

>> frisch und lecker

Schnell und einfach lässt sich Gemüse direkt in einem Pflanzerde-Sack (→ Foto links) heranziehen:

➤ Verwenden Sie dazu tonhaltige, beste Erde.

➤ Im für die Art empfohlenen Pflanzabstand (z. B. 30 x 30 cm bei Kopfsalat) schlitzen Sie den Sack kreuzförmig ein und setzen jeweils eine Pflanze hinein. Das funktioniert z. B. mit Fenchel, Kopfsalat, Zucchini und Kräutern. Sie können auch Buschbohnen, Radieschen, Schnittsalat oder Zuckermais säen.

> *Palm- und Grünkohl sind große, dekorative Gemüse, die im Abstand von 50 cm gepflanzt werden.*

Jahr gesetzt werden. Nur Aprikose, Nektarine und Pfirsich, Estragon, Rosmarin und Salbei setzen Sie im Frühjahr.

➤ Pflanzen Sie stets in tiefgründig gelockerten Boden: für Gehölze jeweils mindestens 80 cm, für Kräuter 30 cm tief lockern. Verbessern Sie den Boden, wenn nötig (→ PRAXISINFO).

➤ Gehölze setzen Sie so: Graben Sie ein Pflanzloch von doppelter Größe des Wurzelballens. Setzen Sie zunächst den Pflanzpfahl, er muss fest stehen. Gleich neben ihn stellen Sie den Wurzelballen der Pflanze hinein und füllen das Pflanzloch so mit Erde, dass die Oberkante des Wurzelballens etwa 3 cm tief unter die

Erde gelangt. Die Veredelungsstelle von Obstbäumen (Verdickung unten am Stamm) muss aber über dem Boden bleiben.

➤ Gemüse, Salate und Kräuter werden in einem Abstand gesetzt, der ihrem späteren Durchmesser entspricht.

➤ Bei den meisten Arten pflanzen Sie den Wurzelballen einen Fingerbreit tiefer als die Erdoberfläche.

➤ Als Ausnahmen werden Kohl und Tomaten 3–5 cm tiefer gesetzt. Bei Salat wird jedoch der Erdballen nur gut in die lockere Erde eingedrückt. Er steht dann fast noch obenauf.

➤ Alle Gewächse nach dem Pflanzen kräftig angießen. ∎

Böden verbessern

✗ **Krümelprobe:**
Nehmen Sie ein walnussgroßes Stück feuchte Erde in die Hand und kneten Sie es. Bildet sich ein Klumpen, so haben Sie einen lehmigen Gartenboden. Bröselt die Erde, ist sie sandig. Zwischen diesen beiden Extremen gibt es viele Abstufungen.

✗ **Lehmboden verbessern:**
Sehr lehmige Böden neigen zu Staunässe und sind schlecht durchlüftet. Graben Sie ihn im Herbst um und mischen Sie viel Sand unter.

✗ **Sandboden verbessern:**
Sandige Böden speichern Wasser und Nährstoffe schlecht. Zur Verbesserung arbeiten Sie Lehm, Kompost und Kalk ein.

Genüsse von Balkon und Terrasse

Für Naschgenüsse ist ein Garten gar nicht nötig. Sie werden staunen, was auf Balkon und Terrasse alles gedeihen kann!
Anstatt in Beeten ziehen Sie dort schmackhafte Arten einfach in dekorativen Gefäßen:
➤ Obstbäumchen (→ Seite 8), Beeren-Hochstämmchen sowie mediterrane Arten wie Feigen gedeihen gut im Kübel.
➤ Erdbeeren können Sie in Erdbeertöpfen aus Terrakotta oder Hanging Baskets ziehen.
➤ Als Gemüse kommen für Kübel bewährte Klassiker wie Aubergine, Paprika, Tomate und Zucchini in Frage. Auch in Kästen gedeihen viele nicht zu groß werdende Arten wie Pflücksalat und Radieschen.
➤ In geräumigen Gefäßen mit Klettergerüst fühlen sich Feuerbohne, Kapuzinerkresse und Zuckererbsen wohl.
➤ Im lichten Schatten von Geländern und Brüstungen wachsen Kräutertöpfe mit Petersilie, Pfefferminze und Schnittlauch. Volle Sonne wollen alle mediterranen Arten wie Basilikum, Rosmarin und Thymian.
➤ Die Naschpflanzen können Sie auf Balkon und Terrasse auch sehr gut mit Blumen kombinieren.

So gedeihen Pflanzen in Gefäßen

Sie haben nur eine begrenzte Menge an Erde zur Verfügung, deshalb ist eine gute Versorgung mit Wasser und Nährstoffen sehr wichtig:
➤ Glasierte Tontöpfe verdunsten weniger Wasser als unglasierte und müssen etwas weniger gegossen werden.
➤ Balkonkästen mit doppeltem Boden, in dem sich ein Wasserreservoir verbirgt, erleichtern das Gießen.

1 Topf vorbereiten
Das Wasserabzugsloch am Boden wenn nötig mit einem Schraubenzieher durchstoßen und immer mit einer Tonscherbe abdecken.

2 Erde einfüllen
Den präparierten Topf mit Pflanzerde so weit auffüllen, dass der Wurzelballen der Pflanze, die eingesetzt werden soll, ausreichend Platz hat.

3 Pflanze einsetzen
Ballen einsetzen und die Erde bis zu einem Gießrand von 2 cm unter dem Topfrand einfüllen. Pflanze andrücken und gießen.

> *Kirschen, Salat und Rosmarin gedeihen gut auf der Terrasse.*

➤ Mit automatischen Bewässerungsanlagen brauchen Sie sich kaum noch ums Gießen zu kümmern.

➤ Wählen Sie ausreichend große Pflanzgefäße. Mittelgroße Kräuter benötigen schon rund drei Liter Topfvolumen. Tomate & Co sowie Beeren-Hochstämmchen brauchen 10-l-Kübel. Obstbäumchen am besten in 30- oder 50-l-Kübel pflanzen.

➤ Balkonkästen für Gemüse und Kräuter sollen möglichst groß sein, z. B. 100 cm lang, 22 cm breit und 18 cm hoch.

➤ Wenn Sie Pflanzen in einem dunklen Kunststofftopf ziehen, stellen Sie ihn in einen hellen Übertopf,

damit die Sonne den Wurzelballen nicht so stark aufheizt.

➤ Verwenden Sie nährstoffreiche, tonhaltige Erde.

➤ In Gefäßen gezogene Pflanzen versorgen Sie am besten mit Langzeitdünger (→ Seite 30/31).

➤ Frostempfindliche mediterrane Pflanzen wie Feigen müssen entweder im Herbst eingeräumt oder mit Schutz im Freien überwintert (→ Seite 30/31) werden.

Gefäße bepflanzen

Bevor Sie ans Einsetzen (→ Seite 18) gehen, empfiehlt sich Folgendes:

➤ Die Pflanzgefäße müssen ein Abzugsloch für überschüssiges Gieß- und Regenwasser haben. Bei vielen Töpfen ist dieses Loch vorbereitet, Sie müssen es aber noch mit einem Schraubenzieher oder Ähnlichem durchstoßen.

➤ Sind die Gefäße dem Regen ausgesetzt, verteilen Sie mehrere cm Kies oder Blähton als Drainage auf dem Boden.

➤ Kombinieren Sie nur Pflanzen, die gleiche Standort- und Pflegeansprüche haben. Graugrüne Arten wie Thymian und Rosmarin wollen eher trocken stehen. Sie passen nicht zu den durstigen

grünen wie Basilikum oder Petersilie. Achten Sie auch auf die Gestaltung (→ Seite 29).

Unfälle vermeiden

Achten Sie auf Sicherheit:

➤ Prüfen Sie die Tragfähigkeit des Untergrundes!

➤ Befestigen Sie Gefäße mit Halterungen aus dem Fachhandel.

➤ Sichern Sie dem Wind ausgesetzte Pflanzen, indem Sie sie anbinden oder den Topf mit Steinen beschweren. ■

PRAXISINFO

Gefäße bepflanzen

🕐 **Zeitbedarf:**
ca. 10–30 Minuten, je nach Größe des Gefäßes

Material:

✗ Pflanzgefäße

✗ Tonscherben

✗ Kies oder Blähton für eine Drainage

✗ Pflanzerde

✗ Pflanzen

Werkzeug:

✗ Pflanzkelle

✗ Gießkanne

Frech & fruchtig:

Tolle Tomaten

Tomaten sind mehr, als nur rot und rund. Ob gelb, orange oder rot, ob rund oder birnenförmig, ob kleine Kirschtomate oder füllige Fleischtomate: Wählen Sie aus der Fülle von hunderten verschiedener Tomatenformen und -farben die leckersten aus.

> **Die klein bleibende Sorte** 'Picolino' ist sehr robust. Sie ist ein Beispiel für die auch im Kübel gut gedeihenden Balkontomaten, die bei uns immer beliebter werden.

> **Balkone und Terrassen** gewinnen durch Tomaten in Kübeln an Fröhlichkeit. Hoher Wuchs und grünes Laub kaschieren Wände und Hintergründe. Davor leuchten die leckeren Früchte.

Gelbe Pflaumentomaten ähneln in Größe und Form den Pflaumen. Nur die grüngelbe Farbe lässt keinen Zweifel aufkommen, dass es sich um Tomaten handelt.

Rippenfruchttomaten aus der Gruppe der Fleischtomaten bestechen durch ihre bizarre Form.

Gelbe Cocktailtomaten gehören zu den Kirschtomaten. Die Früchte erreichen nur Kirschgröße, sind aber im Geschmack sehr würzigaromatisch.

Die Sorte 'Tigerella' besitzt auffallend getigerte Früchte. Ihr gestreiftes Gelbrot verleiht dieser alten Tomatensorte ein besonders exotisches Aussehen.

Rote Kirschtomaten haben kleine, geschmackvolle Früchte. Sie reifen an langen Trauben – eine beliebte Tafeldekoration.

PRAXISINFO

Tomatenpflege

✗ **Pflanzen:**
Setzen Sie Tomaten so, dass der Stamm 3–5 cm tief in die Erde gelangt.

✗ **Stützen:**
Stecken Sie je eine Tomatenspirale dazu. Wickeln Sie den Trieb nach und nach drum herum, je länger er wird.

✗ **Ausgeizen:**
In den Blattachseln entwickeln sich Geiztriebe, brechen Sie sie aus.

✗ **Köpfen:**
Köpfen Sie Tomaten nach der 5. Traube, weil weitere Früchte nicht ausreifen.

✗ **Schützen:**
Tomatenhauben aus dem Fachhandel schützen vor Feuchtigkeit und damit vor Pilzkrankheiten.

✗ **Gießen und düngen:**
Gießen Sie Tomaten regelmäßig, ohne die Blätter zu benetzen. Geben Sie alle 4 Wochen Tomatendünger nach Packungsvorschrift.

Moderner Bauerngarten

Stecken Sie den traditionellen Bauerngarten in ein modernes Gewand – so bekommen Sie mehr Vielfalt zum genüsslichen Naschen. Ein Küchengarten setzt zeitgemäße Akzente:

➤ Er liefert geringere Mengen von Pflanzen, die in den meist kleineren Haushalten verwendet werden (→ Seite 6).

➤ Beim Obst dominieren heute schwach wachsende Formen wie z. B. ein Spindelbusch (→ Seite 8/9).

➤ Es werden neue, verbesserte Züchtungen bevorzugt, z. B. mehltaufeste Stachelbeeren oder fadenfreie Bohnen.

➤ Die klassischen Kräuter wie Petersilie und Schnittlauch haben asiatische und mediterrane Gesellschaft bekommen.

➤ Der Küchengärtner erntet Gemüse wie Zucchini möglichst klein und zart, also wenn es gerade die richtige Portionsgröße hat.

➤ Ganz im Trend sind deshalb auch neue, klein bleibende Sorten von Mini-Gemüse wie Blumenkohl, Kopfsalat und Tomaten, zierliche Asia-Salate sowie Wok-Gemüse wie Brokkoli, Lauchzwiebeln und Zuckerschoten.

Pfiffig gestalten

Kombinieren Sie in einer schön gestalteten Anlage delikate Arten mit Zierpflanzen:

➤ Hübsch und praktisch ist ein klassisches Wegkreuz, das die Fläche in vier Beete teilt. Das kann je nach Platz ein Mini-Kräutergarten mit Beeten von etwa 50 cm Seitenlänge sein oder ein Küchengarten der »Marke Kunterbunt« mit Beeten bis etwa 100 cm Breite.

➤ Das Wegkreuz können Sie in der Mitte auch kreisförmig gestalten.

➤ Im Zentrum dieses Rondells lässt sich bei größeren Anlagen wieder ein kleines rundes Beet anlegen, bepflanzt mit einem Hochstämmchen (z. B. Rose oder

Im modernen Bauerngarten gedeihen Gemüse und aromatische Kräuter bunt gemischt nebeneinander.

 *Zu Salat, rotweiß blühenden Buschbohnen und Paprika gesellen sich als Farbtupfer noch rote Pelargonien.*

Beerenobst), das mit silbergrauen Kräutern wie Lavendel kombiniert wird.

➤ Die Ränder der Beete werden eingefasst, z. B. mit Buchs (*Buxus sempervirens* 'Suffruticosa'). So wird kein Humus abgeschwemmt. Alternativen sind würzige Kräuter wie Petersilie, Schnittlauch und Thymian, oder dicht gesäter Schnittsalat in roten und grünen Sorten.

➤ In die Beete setzen Sie farblich ansprechende Kombinationen, z. B. von rotem Mangold und grünem Kopfsalat oder Knollenfenchel und Roten Beten.

➤ Dazwischen passen typische Bauerngartenblumen wie Ringelblume, Tagetes oder aromatische Kräuter, die gleichzeitig Schädlinge (→ PRAXISINFO) fern halten.

➤ Aber auch etwas höhere Ein- und Zweijährige wie Bartnelken und Zinnien oder Blütenstauden wie Sonnenhut lassen sich, je nach Lage, ins Zentrum oder in den Hintergrund der Beete setzen.

Hilfreiche Mischkultur

Manche Pflanzenarten beeinflussen sich gegenseitig positiv, andere wiederum bewirken das Gegenteil. Bei der Kultur von flach- und tiefwurzelnden Arten auf engem Raum wird z. B. der Nährstoffgehalt des Bodens optimal ausgenutzt. Eine gute Pflanzen-Kombination beugt auch dem Befall durch Krankheiten und Schädlinge vor. Ein klassisches Beispiel: Möhren halten von Zwiebeln die Zwiebelfliege fern, Zwiebeln vertreiben die Möhren-

fliege. Ein Beispiel für gute und schlechte Partner:

➤ Zu Salat passen gut Bohnen, Dill, Erbsen, Kohl, Möhren, Porree, Radieschen, Spinat, Tomaten und Zwiebeln.

➤ Salat verträgt sich nicht gut mit Knollenfenchel, Petersilie, Rettich und Sellerie. Ausführliche Tabellen über die Verträglichkeit der Gemüse-Arten finden Sie in der weiterführenden Literatur (→ Seite 61). ∎

PRAXISINFO

Kräuter in der Mischkultur

Die Inhaltsstoffe von Kräutern können Gemüse vor Schädlingen und Krankheiten schützen:

✗ **Thymian** und **Pfefferminze** verhindern einen Befall von Kohl mit Raupen.

✗ **Dill** schützt Möhren vor der Möhrenfliege.

✗ **Bergbohnenkraut** und **Lavendel** können von ihren Nachbarn Blattläuse vertreiben.

✗ **Bohnenkraut** schützt Bohnen vor den schwarzen Bohnenläusen und der Bohnenfliege.

✗ **Ringelblumen** und **Tagetes** vertreiben Nematoden (Fadenwürmer).

Naschobst auf allen Ebenen

Für Obstgehölze ist überall im Küchengarten Platz. Sie können auch zur Gestaltung eingesetzt werden.
Obstbäume und -sträucher eignen sich, um den Garten zu strukturieren:

> Johannisbeer-Hochstämm-chen sind attraktiv im Beet und auf der Terrasse.

➤ Halbhohe Obstbäume setzen als Solitär Akzente, beschirmen einen Sitzplatz oder dienen als Sichtschutz.
➤ Beeren- und Wildobst-gehölze (→ PRAXISINFO) eignen sich für Hecken.

➤ Beerenobst-Hochstämm-chen zieren den Vorgarten oder das Zentrum von Beeten.

Immer an der Wand lang

Nutzen Sie die Tatsache, dass an warmen Mauern Obst besonders gut gedeiht:
➤ Brombeeren und Himbee-ren brauchen meist ein Spa-lier. Dafür spannen Sie waag-recht und parallel zur Wand im Abstand von 10 cm je nach gewünschter Höhe 3–4 Drähte, die zueinander 50 cm Abstand haben sollten. Bin-den Sie die Triebe daran fest.
➤ Weinreben und Kiwis be-nötigen ein an der Wand be-festigtes Rankgerüst aus Holz oder Draht von 2–3 m Höhe.

➤ Auch Obstbaumspaliere können an einem Latten-gerüst an schützenden Mau-ern gezogen werden.

Im Kübel nicht übel

Mit klein bleibendem Obst in 30- bis 50-l-Kübeln (→ Seite 18/19) können Sie Terrasse und Balkon hübsch gestalten. Die Gefäße brauchen aber Winterschutz (→ Seite 31).
➤ Schwach wüchsige Spin-delbüsche von Kern- und Steinobst eignen sich beson-ders für die Terrasse und kön-nen ansprechend mit in klei-neren Gefäßen gezogenen Pflanzen kombiniert werden.
➤ Schlank wachsende Säu-lenäpfel, auch Ballerina-

TIPP

>> frisch und lecker

Stachelbeeren ernten

Stachelbeeren sind mit feinen, spitzen Dornen be-wehrt. Das ist aber noch lange kein Grund, auf ein attraktives Stachelbeer-Hochstämmchen zu verzichten:
➤ Schneiden Sie zur Ernte die älteren, dicken Triebe so heraus, dass junge Zweige Licht und Luft bekommen.
➤ Pflücken Sie diese abgeschnittenen Zweige bequem auf der Terrasse leer.
➤ In die korrekt geschnittenen Kronen können Sie gefahrlos hineingreifen.

Apfelbäumchen genannt, sind attraktive Pflanzen auch für den Balkon.

➤ Beeren-Hochstämmchen im Kübel wirken mit ihrer hübschen Krone auf schlankem Stamm besonders hübsch, wenn sie wie eine Allee Wege begleiten, Sitzplätze und Durchgänge rahmen oder solo das Zentrum eines Arrangements mit getopften Kräutern bilden.

➤ Feigen und Wein sind Kübel-Kandidaten für warme, geschützte Ecken am Haus.

➤ Zitrusfrüchte wollen am meisten Wärme und Sonne. Besonders pflegeleicht sind in unseren Breiten Zitrone und Kumquat (→ Seite 29).

➤ Erdbeeren sind eine Augenweide im Erdbeertopf, er wird oft auch Taschenamphore genannt.

Alles Gute kommt von oben

Erobern Sie auch die dritte Dimension! Wenn Sie wirklich alle Ebenen nutzen wollen, ziehen Sie Obst zusätzlich in aufgehängten Gefäßen. Die ursprünglich aus England kommenden 'Hanging Baskets', mit Moos ausgekleidete Drahtkörbe, können anstatt mit Blumen auch mit Früchte

> *Apfel, Wein und Tomaten lieben warme, geschützte Plätze auf der Terrasse.*

tragenden Gewächsen bepflanzt werden. Daneben gibt es noch attraktive Gefäße zur Befestigung an der Wand. Für solche Bepflanzungen passen:

➤ Erdbeeren! Besonders hübsch ist die rosa blühende Sorte 'Pink Panda'. Empfehlenswert sind auch zweimal tragende Sorten und die ständig ein wenig fruchtenden Monatserdbeeren.

➤ Melonenbirnen, auch Pepinos genannt, wirken mit ihrem überhängenden Wuchs besonders attraktiv. ■

PRAXISINFO

Wildobst im Garten

Zum Wildobst zählen z. B. Felsenbirne, Haselnuss, Holunder, Kornelkirsche, Mispel und Sanddorn.

✗ Als **Solitär** eignen sich die reichblühende Felsenbirne, die breiter werdende Haselnuss und die traditionsreiche Mispel.

✗ In kleinen **Gruppen** sehen Gehölze wie Haselnuss, Holunder, Kornelkirsche und Sanddorn gut aus.

✗ Alle Arten können zusammen mit Wildrosen als gemischte Wildobst-**Hecke** gezogen werden. Sie wird etwa 3 m breit.

Salatbar für einen Sommer

Kunterbunter, knackiger Salat – ein wahrer Genuss, wenn alle Zutaten frisch aus dem Garten kommen!
Mögen Sie vom Frühsommer bis zum Herbst erntefrischen Salat in vielen Variationen? Dann bauen Sie ihn einfach fortwährend an:

➤ *Selbst im kleinen Topf wirkt ein Mix aus Salatsorten sehr attraktiv.*

➤ Die Ernte von Frühjahrssalaten (→ PRAXISINFO) lässt sich vier Wochen verfrühen, wenn Sie Mitte März pflanzen und das Beet mit einer Gemüsebeetfolie (Fachhandel) abdecken.

➤ Wählen Sie verschiedene Arten und Sorten, und bauen Sie weitere Salatzutaten wie Kräuter und Tomaten an, damit Sie aus einer großen Vielfalt schöpfen können.

➤ Ziehen Sie jedoch von der gleichen Art nicht zu viel auf einmal, damit Ihnen der Salat nicht buchstäblich zu den Ohren herauswächst. Säen oder pflanzen Sie dafür kleine Mengen satzweise im Abstand von etwa 10–14 Tagen.

➤ Verwenden Sie Sorten, die für den Anbaumonat geeignet sind (Packungsaufschrift). Kopfsalat z. B. ist eine Langtagspflanze, die im Sommer schnell schießt, also auszuwachsen beginnt. Es gibt aber inzwischen schossfeste Sommersorten.

➤ Halten Sie einen Fruchtwechsel ein, damit sich Bodenschädlinge und Krankheiten nicht übermäßig vermehren. Wenn also z. B. Kopfsalat abgeerntet worden ist, wird er an anderer Stelle wieder nachgebaut.

➤ Gute Nachbarn (→ Seite 23) und weitere Zutaten für bunte Salatschüsseln sind Dill, Radieschen, Schnittlauch, Tomaten und Zwiebeln.

➤ Salat gedeiht weniger gut neben Petersilie und Rettich, diese Arten bauen Sie besser in etwas Abstand an.

➤ Richten Sie sich bei der Auswahl der Salate auch nach dem Aroma, einige schmecken nämlich leicht bitter. Allgemein haben braunblättrige Salate mehr Bitterstoffe als grünblättrige. Braune Formen und der ebenfalls leicht bittere Endiviensalat schmecken übrigens milder, wenn Sie sie mit Zitronensaft und etwas Sahne anmachen.

Wuchs und Farbe als Gestaltungsmittel
Das Einheitsgrün ist längst aus dem Salatbeet verschwunden. Heute gibt es Sorten in vielen Formen und Farben. Nutzen Sie diese Vielfalt, um attraktive Beete zu gestalten – die machen schon beim Hingucken Appetit!

➤ Kopfsalate liegen wie halbrunde Kugeln auf dem Beet. Sie lassen sich schön mit hochwachsenden Arten kombinieren (→ rechts).

➤ Andere Arten wie Römischer Salat und Zuckerhut wachsen kegelförmig und wirken gut in der Beetmitte.

➤ Pflücksalate haben eine lange Erntezeit, weil nur immer wieder die unteren Blätter abgenommen werden. So entstehen im Lauf der Zeit kleine Salat-Hochstämmchen, die im Beet zwischen niedrigen Arten sehr attraktiv aussehen.

➤ Es gibt auch Sorten mit hübsch gefransten Blättern wie 'Lollo Verde' und solche mit tief gelappten wie Eichblattsalat und Frisée-Endivien. Sie passen gut zu glattrandigen Sorten.

➤ Schnittsalat bildet keine Köpfe, sondern eine Reihe von dicht gedrängt stehenden einzelnen Blättern, die fast schon wie eine Minihecke wirken. Er kann gut zur Einfassung von Beeten dienen.

➤ Von Kopf-, Pflück- und Schnittsalaten gibt es auch Sorten mit bräunlichen Blättern. Sie bilden einen hübschen Kontrast zu den grünblättrigen Sorten.

Salatbeete mit Muster

Muster können Sie selbst bei wenig Platz in kleinen Beeten gestalten. Ein abwechslungs-

> *Im Beet können Sie mit grünen und braunen Salatfarben hübsche Muster zeichnen.*

reich bepflanztes Salatbeet könnte so aussehen:

➤ Pflanzen Sie in der Beetmitte einige Exemplare von hellgrünem Zuckerhut.

➤ Der wird rundherum mit braunblättrigem Kopfsalat umpflanzt.

➤ Diesen rahmen Sie bei genügend Platz z. B. wieder mit krausem, grünen Pflücksalat.

➤ Als Abschluss eignet sich z. B. ein Rand aus braunem Schnittsalat.

➤ Salatbeete können Sie auflockern, indem Sie zwischen den Pflanzen Zwiebeln stecken oder mit Ringelblumen orange Farbtupfer einfügen.

➤ Hübsch wirkt es, wenn Sie in die Beetmitte oder auf die vier Eckpunkte blau blühenden Boretsch setzen.

➤ Natürlich müssen Salatbeete nicht rechtwinklig sein. Reizvoll sind sie auch rund, trapezförmig, dreieckig, oder mit geschwungenem Rand gestaltet. ∎

27

Genüsse aus dem Süden

Mit sonnenhungrigen Ge-müsen und Kräutern aus dem Süden verleihen Sie Ihrem Garten ein bezau-bernd mediterranes Flair. Für eine klassisch-mediter-rane Gestaltung bietet sich besonders ein Garten in mil-den Regionen und geschütz-ter Südlage an. Durch die Auswahl der Pflanzen und Accessoires verleihen Sie ihm südlichen Charme:

➤ Begrenzen Sie Beete mit dem mediterranen Charme von Lavendel, Currykraut oder Salbei.

➤ Terrakotten, am besten frostfeste Impruneta-Ware, sind ideal für diesen Küchen-garten: als Kübel, Topf oder mit Kräutern bepflanzter Kasten, als Wandmedaillon, Windlicht oder Gartenfigur.

➤ Wasserspeiende Wand-brunnen passen besonders gut in schattige Nischen und erinnern an mediterrane Gärten.

➤ Setzen Sie den immergrü-nen Kirschlorbeer (*Prunus laurocerasus* 'Macrophylla'), der auch in südlichen Län-

> *Dieses Kräuterbeet ist mit mehrfarbigen Sorten bepflanzt, kombiniert mit violetten Blüten.*

> *Zitruspflanzen in dekorativen Töpfen sind der Inbegriff des Südens.*

dern verbreitet ist, als Solitär oder Hecke ein.

➤ Als blühende, aber nicht winterharte Begleitpflanzen im Kübel mit südlichem Charme eignen sich Bougainvilleen, Engelstrompeten, Granatapfelbaum, Hibiskus, Kapernstrauch, Oleander und Zistrose. Dazu passen auch Grünpflanzen wie Agave, Brautmyrte, Lorbeerbaum, Olivenbaum und die Kanarische Dattelpalme.

Obst des sonnigen Südens

Arten aus warmen Regionen verleihen dem Garten ein mediterranes Flair:

➤ Aprikosen, Nektarinen und Pfirsiche können an geschützten, sonnig-warmen Wänden als fächerförmiges Spalier gezogen werden.

➤ Die Bayernfeige 'Violetta' gedeiht ebenfalls in der Nähe der Hauswand. Sie trotzt (mit etwas Reisig oder Vlies als Schutz) selbst Frösten bis −15 °C und mehr.

➤ Zitronen und Kumquats wachsen in Kübeln gut im Schutz der warmen Hauswand, müssen aber vor Frostbeginn hereingeholt werden.

Gemüse für die leichte Küche

Bereichern Sie Ihren mediterranen Küchengarten durch südliche Gemüse. Einige davon sind auch für den Anbau in großen Kübeln auf Balkon und Terrasse geeignet.

➤ Gestalten Sie Beete mit einem dekorativen Mix aus Artischocken, Brokkoli, Fenchel, italienischem Schwarzkohl, Staudensellerie, Tomaten, Zucchini und Zwiebeln.

➤ Hierzu passen auch Salate wie Romanasalat, Rucola und Radicchio.

➤ Im großen Kübel gedeihen an geschützten Plätzen Aubergine, Paprika, Physalis und Zuckermais bestens.

Kräuter wie am Mittelmeer

Typische Mediterrane sind:

➤ Die wärmeliebenden Arten Basilikum, Knoblauch, Lavendel, Oreganum, Rosmarin, Salbei und Thymian sind ein Muss. Setzen Sie auch buntblättrige Formen ein wie rotes Basilikum oder Salbei 'Tricolor'.

➤ Ein besonders intensives Aroma entfalten neuere Sorten wie Estragon 'Baden-Baden', Pfefferminze 'Multimentha', Pizza-Oreganum (*Origanum* var. *heracleoticum*) Provence-Thymian 'Fleur Provence' und nicht zuletzt römischer Rosmarin 'Tarentinus'. ■

CHECKLISTE

So pflegen Sie Zitruspflanzen richtig

✔ Verwenden Sie zum Topfen nur Zitruserde.

✔ Düngen Sie Zitrone & Co. nur mit Zitrusdünger.

✔ Kontrollieren Sie die Pflanzen regelmäßig auf Schildläuse und Spinnmilben, die diese Arten gerne befallen.

✔ Überwintern Sie die Zitruspflanzen entweder kühl (5 °C) und mäßig hell oder aber warm (18 °C) und dann sehr hell.

Pflege-Basics für Küchengärtner

Vor dem Naschen kommt das Gießen und Düngen, damit Ihre Pflanzen prächtig gedeihen und ihr bestes Aroma entwickeln.
Gegossen werden muss je nach Witterung, gedüngt nach den Ansprüchen der Pflanzen. Etwas empfindliche Arten, die draußen überwintern, brauchen außerdem einen Schutz. Führen Sie doch ein Tagebuch über alle Ihre Tätigkeiten im Garten und das Wetter, so haben Sie stets eigene Erfahrungswerte parat.

Richtig gießen

Durstige Pflanzen erkennen Sie leicht an hängenden Blättern und Trieben. Bei Kübelpflanzen bildet sich dazu ein Spalt zwischen Topf und Wurzelballen. Achten Sie beim Gießen bitte vor allem auf Folgendes:

➤ Verwenden Sie zum Gießen möglichst Regenwasser oder abgestandenes Wasser.
➤ Gießen Sie lieber weniger oft, dafür aber durchdringend.
➤ Achten Sie jedoch bei Obst und Gemüse auf gleichmäßige Feuchtigkeit: Stehen die Pflanzen länger trocken und werden dann reichlich gewässert, können z. B. Kirschen und Radieschen platzen.
➤ Kübel dürfen Sie auch über den Untersetzer gießen. Füllen Sie ihn randvoll auf, schütten Sie überschüssiges Wasser nach einer halben Stunde aus.
➤ Automatische Bewässerungen aus dem Fachhandel erleichtern die Gießarbeit und helfen bei Abwesenheit.

Richtig düngen

Pflanzen benötigen für ihr Wachstum Nährstoffe, die sie aus dem Boden aufnehmen. Durch die Ernte gehen der Erde diese Stoffe verloren. Deshalb müssen sie in Form von Dünger dem Boden wieder zugeführt werden:
➤ Für den Naschgarten ist es zumeist ausreichend, im

Küchengarten-Beete werden, je nach Witterung, alle paar Tage mit der Gießkanne fein überbraust.

> *Bei empfindlichen Kräutern wird vor den ersten Frösten der Topf warm in Noppenfolie eingepackt.*

Im Freien überwintern

Einige Arten brauchen Winterschutz:

➤ Empfindliche Kräuter wie Salbei oder Rosmarin werden vor den ersten Frösten mit Reisig abgedeckt.

➤ Pflanzen im Kübel umwickeln Sie mit Gartenvlies aus dem Fachhandel und rücken sie an geschützter Stelle nahe an die Hauswand. Der Kübel selbst wird in Noppenfolie oder Jute gehüllt. ■

Frühjahr mit Kompost (gibt es auch zu kaufen) zu düngen. Es genügt eine Schicht von etwa 10 l pro m², Kräuter bekommen nur 2 l. Lediglich sehr nährstoffbedürftige Gemüse brauchen noch zusätzliche Düngung.

➤ Sie können natürlich auch Dünger kaufen, im Fachhandel gibt es organische und mineralische Dünger. Erstere sind langsamer wirkende Naturprodukte, letztere geben den Pflanzen rasch und direkt den reinen Nährstoff.

➤ Düngen Sie stets sparsam.

➤ Viele Gartenböden sind überdüngt. Machen Sie alle zwei Jahre im Frühjahr eine Bodenuntersuchung. Diese wird von öffentlichen und privaten Instituten durchgeführt und Sie erhalten eine genaue Düngeempfehlung.

➤ **Obstgehölze** dürfen nach Juli nicht mehr gedüngt werden, damit ihre Triebe ausreifen und frostfest werden.

➤ Bei **Gemüse** gibt es düngerhungrige Starkzehrer (z. B. Kohl, Zucchini), Mittelzehrer (z. B. Tomaten) und Schwachzehrer (z. B. Salat). Die ersten beiden Gruppen erhalten im Beet bis Anfang August noch 2–3 Düngergaben (z. B. in Form von Guano) entsprechend den Empfehlungen auf der Verpackung.

➤ **Kräuter** werden nur schwach gedüngt. Zu viele Nährstoffe steigern nämlich das Wachstum und mindern das Aroma.

➤ Für **Kübelpflanzen** können Sie auch Langzeitdünger (Fachhandel) verwenden, der – im Frühjahr eingearbeitet – bis zum Herbst wirkt.

CHECKLISTE

So gießen Sie richtig

✔ Am besten am frühen Morgen oder späten Nachmittag, jedoch nie bei praller Sonne und Hitze.

✔ Möglichst nicht über die Blätter, sondern direkt in den Wurzelbereich, sonst fördern Sie Pilzerkrankungen wie Mehltau und Rost.

✔ Mit leicht abgestandenem Wasser aus der Tonne. Wenn Sie mit Leitungswasser gießen, ist Sprühen empfehlenswert, weil sich das kalte Wasser dann noch etwas erwärmen kann.

✔ Lieber seltener, aber durchdringend. Bei Beeten genügt es, sie etwa alle drei Tage zu gießen. Geben Sie dann 10–15 l pro m².

Delikates richtig schneiden

Wenn Obst und Kräuter im Küchengarten optimal gedeihen sollen, brauchen sie einen fachgerechten Schnitt. Mit einem Schnitt können Sie Pflanzen eine bestimmte Form geben und die Qualität des Ernteguts steigern. Richtiges Schneiden ist gar nicht so

> Lavendel wird im Frühjahr zurückgeschnitten, damit er buschig bleibt.

schwer zu lernen. Es gibt zwei Jahreszeiten, in denen geschnitten wird:

➤ **Winterschnitt.** Während der Ruhezeit werden die meisten Schnittmaßnahmen durchgeführt, z. B. der Verjüngungs- oder Auslichtungsschnitt für ältere Gehölze, damit deren Fruchtbarkeit erhalten bleibt.

➤ **Sommerschnitt:** Unerwünschte Triebe, z. B. Geiztriebe, werden gleich nach der Bildung abgeschnitten.
Hier zunächst allgemeine Schnitt-Grundregeln:

➤ Verwenden Sie scharfes Schneidewerkzeug – wenn nötig nachschärfen oder zum Schleifen bringen – und tragen Sie Schutzhandschuhe.

➤ Schneiden Sie nicht während des Austriebes, sonst verlieren die Gehölze viel Saft.

➤ Schneiden Sie totes, vertrocknetes Holz bis ins gesunde, unter der Rinde grüne Gewebe zurück.

➤ Entfernen Sie auch alles erkennbar kranke Holz, also z. B. solches mit einer Krebsbeule oder dürren Blättern.

➤ Trennen Sie Triebe 2–3 mm oberhalb einer Knospe oder Verzweigung ab. So verläuft die Wundheilung besser.

➤ Bestreichen Sie Wunden ab 2 cm Größe mit Verschlussmittel aus dem Fachhandel.

➤ Kräftiger Rückschnitt heißt kräftiger Austrieb, schwacher Schnitt bewirkt schwachen Neutrieb.

Kräuter richtig schneiden

➤ Bei mehrjährigen Arten werden kranke und vertrocknete Triebe abgeschnitten, sobald sie erkennbar sind.

➤ Lavendel erhält alle 1–2 Jahre im Frühjahr einen Rückschnitt, damit er nicht zu langtriebig wächst und verkahlt (→ Zeichnung).

➤ Rosmarin und Thymian können Sie im März/April z. B. in runde Formen schneiden, damit sie gepflegt und dekorativ aussehen.

Obstgehölze schneiden

Kronen von Apfel- und Birnbäumen können Sie z. B. in Rund-, Spindel- oder Spalierformen ziehen. Ausführliche Anleitungen finden Sie in der weiterführenden Literatur (→ Seite 61).
Bei Beerenobst ist der Schnitt weitaus einfacher:

➤ Führen Sie die folgenden Schnittmaßnahmen während

1 Ausgeizen

Im Juli werden die Geiztriebe von Brombeeren bis auf zwei Augen (ruhende Knospen) zurückgeschnitten. Sie kosten der Pflanze nur unnötig Kraft.

2 Formen

Bei Hochstämmchen entwickeln sich hin und wieder störende Triebe unterhalb der Krone am Stamm. Sie sollten frühzeitig entfernt werden.

3 Auslichten

Bei Beerenobst werden im Januar alle alten Triebe und solche, die nach innen wachsen, herausgeschnitten, damit Licht in die Krone kommt.

der Ruhezeit durch, aber nicht bei Frost. Günstig sind milde Tage im Januar.

➤ Bei Johannis- und Stachelbeeren (Sträuchern wie Hochstämmchen) werden Triebe entfernt, die älter als etwa drei Jahre sind. Diese sind daumendick und dunkel gefärbt, jüngere dünner und heller. Schneiden Sie auch alle Zweige heraus, die nach innen wachsen oder sich kreuzen, damit mehr Licht in die Krone fällt (Auslichten → Zeichnung).

➤ Nur gelegentlich ausgelichtet werden Quitte und Steinobst sowie Wildobst. Außerhalb der Ruhezeit führt man auch noch folgende Maßnahmen durch:

➤ Bei Himbeeren werden die alten, abgetragenen Ruten nach der Ernte dicht am Boden abgeschnitten.

➤ Bei Brombeeren geschieht dies erst im folgenden Frühjahr. Im Juli werden außerdem die Nebentriebe (Geiztriebe) gekürzt (Ausgeizen → Zeichnung), das fördert die Qualität der Beeren und verhindert die Bildung eines »Dornröschengestrüpps«.

➤ Bei Hochstämmchen schneidet man Triebe, die unterhalb der Krone am Stamm erscheinen, sofort ab (Formschnitt → Zeichnung).

➤ Von Erdbeeren werden die Ranken gleich nach der Bildung entfernt, außer Sie wollen vermehren (→ Seite 14). ∎

PRAXISINFO

Pflanzen schneiden

🕐 **Zeitbedarf:**
ca. 15–25 Min. pro Strauch oder Bäumchen, ca. 10 Min. für Kräuter

Material:
✗ Wundverschlussmittel
✗ wenn nötig, Staffelei
✗ Schnur zum Bündeln der abgeschnittenen größeren Zweige
✗ Korb zum Einsammeln des kleineren Schnittgutes
✗ Abfallsack für kranke Teile

Werkzeug:
✗ Gartenschere
✗ Baumsäge
✗ Schutzhandschuhe

Erste Hilfe für den Küchengarten

Lassen Sie sich von Schädlingen & Co nicht um den Genuss bringen! Sie können viel für Ihre Pflanzen tun. Schützen Sie den Nachgarten mit einem Dreistufenplan: Erstens durch Vorbeugung, zweitens durch regelmäßige Gesundheitschecks und drittens durch rasches Handeln, wenn doch ein Befall eintritt.

> Verlauste Kräuter nicht spritzen, sondern mit der Schere abschneiden.

Vorbeugende Maßnahmen

➤ Achten Sie beim Kauf darauf, dass Sie gesunde und kräftige Pflanzen auswählen.

➤ Sorgen Sie für Fruchtwechsel (→ Seite 26). Dadurch vermeiden Sie die Ausbreitung artspezifischer Krankheiten.

➤ Kombinieren Sie Arten, (Mischkultur → Seite 23) die sich gegenseitig fördern.

➤ Wählen Sie möglichst unempfindliche Sorten, z. B. mehltauresistente Stachelbeeren und möhrenfliegenfeste Möhren.

➤ Schützen Sie Jungpflanzen mit so genannten Kulturschutz-Netzen vor Blattläusen und Gemüsefliegen.

➤ Gelbtafeln helfen gegen schädliche fliegende Insekten.

➤ Schützen Sie Tomaten vor Braunfäule, indem Sie auf dem Boden aufliegende Blätter und nach und nach noch alle Blätter bis zur ersten Traube entfernen. Halten Sie die Pflanze stets trocken und schützen Sie sie, wenn nötig, mit einer Tomatenhaube.

➤ Unterstützen Sie mit aufgehängten Nistkästen für Vögel und Insekten wie Ohrwürmer die natürlichen Feinde von Blattlaus & Co.

➤ Geben Sie erkrankte Pflanzenteile nicht auf den Kompost, sondern in die Biotonne.

Gesundheits-Check

Kontrollieren Sie den Nachgarten regelmäßig. Halten Sie Ausschau nach Schädlingen – Blattläuse erkennen Sie schon an den sich kräuselnden Triebspitzen – oder Krankheiten wie Mehltau, zu sehen an einem filzig-weißen Blattbelag. Sobald sich ein Befall zeigt, greifen Sie ein.

Erste Hilfe für Obst

➤ Sind die Triebe verlaust, spritzen Sie mit einem umweltverträglichen Präparat aus dem Fachhandel und halten Sie angegebene Karenzzeiten ein.

➤ Grauschimmelfäule, ein grauer, pelziger Belag an Brombeerfrüchten, kann entstehen, wenn die Brombeerzweige zu dicht wachsen. Dünnen Sie die Zweige aus.

➤ Zeigen sich nach Laubfall an Johannisbeeren dicke

> Ist Salat von Läusen befallen, sprühen Sie ihn mit selbst angesetzter Seifenlauge ein.

SPARTIPP

>> frisch und lecker

Seifenlauge selbst gemacht

➤ Im Fachhandel werden für die Bekämpfung von Blattläusen Seifen-Präparate angeboten. Preiswerter ist es, Lauge selbst herzustellen.

➤ Besorgen Sie sich in der Apotheke oder Drogerie reine Schmierseife.

➤ Lösen Sie 20 Gramm Seife, das ist etwa ein gehäufter Teelöffel voll, in einem Liter heißem Wasser auf.

➤ Sprühen Sie die befallenen Pflanzen wiederholt mit der abgekühlten Lauge ein.

runde Knospen an den Triebspitzen – ein Schadbild der Johannisbeergallmilbe –, schneiden Sie diese ab.

Erste Hilfe für Gemüse

➤ Blattläuse an Salat können Sie mit Seifenlauge (→ SPARTIPP) bekämpfen.

➤ Sehen Sie an Kohl angefressene Blätter und Raupen, sammeln Sie sie ab oder spritzen Sie mit einem biologisch wirksamen Präparat (z.B. *Bacillus thuringiensis*).

➤ Braunfleckige Blätter an Sellerie müssen entfernt wer-

den, sie haben eine Pilzerkrankung. Befallene Pflanzen selten, aber dafür durchdringend wässern.

Erste Hilfe für Kräuter

➤ Blattläuse an Petersilie bekämpfen Sie mit Seifenlauge. Ist Kapuzinerkresse befallen, schneiden Sie betroffene Triebe besser zurück.

➤ Estragon ist anfällig für Mehltau. Schneiden Sie befallene Pflanzen bis knapp zwei Finger breit über dem Boden ab, und pflanzen Sie sie an einen luftigeren Ort. ■

PRAXISINFO

Das hilft gegen Schnecken

✗ **Absammeln:** Sammeln Sie Schnecken am Abend ab, und überbrühen Sie sie mit kochendem Wasser.

✗ **Bierfallen:** Versenken Sie ein mit Bier gefülltes Gefäß im Boden. Die Tiere werden angelockt und ertrinken.

✗ **Schneckenzaun:** Ein Schneckenzaun (Fachhandel) rahmt von Schnecken bedrohte Beete unüberwindbar ein.

✗ **Ablenkmanöver:** Pflanzen Sie einen Streifen des »Schneckenfutters« Tagetes als Schutz für Ihre Nutzpflanzen.

35

Dekorative Buffets mit
Radieschen & Co

Attraktive Blickfänge zum Aufessen: Pikante Garnierungen sind einfach und schnell herbeigezaubert. Garnituren wirken exakt geschnitten besonders schön. Dazu sind spezielle Messer aus dem Fachhandel hilfreich:

➤ Ein kleines, scharfes Messer mit gebogener Klinge zum Schälen der Haut und Locken schneiden.

➤ Ein Kanneliermesser mit einem kleinen Haken an der Spitze, mit dem Sie bequem Streifen von der Schale ablösen können.

Radieschenmäuse: Waschen Sie die Radieschen und lassen Sie die Wurzel daran, sie dient als Schwänzchen. Trennen Sie die Blattstrünke bis auf 1–2 mm ab, die als Schnäuzchen dranbleiben. Drücken Sie links und rechts des Schnäuzchens je eine Nelke als Auge ein. Schneiden Sie am unteren Ende des Radieschens zwei dickere Scheiben ab, und verwenden Sie sie für die Ohren. Bringen Sie über jedem Auge einen Schnitt an, in den Sie mit der hellen Seite nach vorne je ein Ohr stecken.

Tomatensterne: Waschen Sie feste Tomaten und ritzen Sie die Schale an der Oberseite so ein, dass ein sechsteiliger Stern entstehen kann. Lösen Sie nun von der Mitte aus mit einem spitzen Messer die Häute so weit ab, dass sie sich dekorativ nach außen biegen.

Gemüseblumen: Gemüse waschen, mit dem Kanneliermesser die Schale einkerben, in Scheiben schneiden.

Dekorative Drinks: Fruchtsäfte garnieren Sie mit Minze und Obst, Gemüsecocktails mit würzigen Kräutern.

Das Auge trinkt mit, wenn Drinks mit Kräutern wie Minze, mit fruchtigen Beeren und Scheiben von Zitrusfrüchten garniert werden. Die bunten Zutaten einfach auf Cocktailspieße stecken.

Die Radieschenmäuse haben Nelken-Augen, Blattstrunk-Schnäuzchen, Wurzel-Schwänzchen und Ohren aus Scheiben vom »Bauch«.

Auf gewürfeltem Käse tummeln sich die roten Mäuse besonders gerne. Nehmen Sie hierfür kräftig gelben Käse.

Dekorative Tomatensterne lassen sich mit einem spitzen Messer schnell und einfach herstellen.

Knackfrisch ernten

Ernten ist die schönste Arbeit im Naschgarten – nur wenige Handgriffe trennen jetzt noch vom Genuss!
War Ihre Anbauplanung gut durchdacht (→ Seite 6 und 26), dann reifen Ihre Gartenfrüchte in Etappen und Sie können sie nach und nach alle ganz frisch und in bester Qualität ernten. Wenn es dennoch Überschüsse gibt, wird gelagert oder konserviert (→ Seite 40). Grundlegend gilt beim Ernten:

➤ Warten Sie zur Ernte, wenn möglich, trockenes Wetter ab.
➤ Halten Sie Karenzzeiten ein, falls Sie Pflanzenschutzmittel angewendet haben.
➤ Ernten Sie beizeiten, damit nichts überständig wird oder auswächst.
➤ Gehen Sie vorsichtig mit dem Erntegut um, da Druckstellen oder Verletzungen die Qualität und Lagerfähigkeit beträchtlich mindern.

Der richtige Erntezeitpunkt

➤ Bei der Ernte von **Obst** werden Pflück- und Genussreife unterschieden. Pflück-

reife Äpfel oder Pfirsiche lassen sich bereits leicht vom Zweig lösen. Je nach Sorte müssen sie noch länger gelagert werden, um ihr volles Aroma und damit die Genussreife zu erreichen. Beerenobst jedoch kann direkt von der Hand in den Mund wandern.

➤ **Gemüse** sollten Sie bereits vier Wochen vor der Ernte nicht mehr düngen. Einige Blattgemüse wie Salat und Spinat sowie Wurzelgemüse wie Radies und Kohlrabi können bei zu später Düngung Nitrat in schädlichen Mengen anreichern. Diese Arten erntet man am besten abends, weil dann der Nitratgehalt allgemein niedriger ist. Gemüse wird möglichst vollreif geerntet. Bei oberirdisch wachsenden Arten wie Kopfsalat oder Tomaten ist der richtige Zeitpunkt leicht zu erkennen. Bei Wurzelgemüsen wie Möhren muss eventuell eine Pflanze herausgezogen werden, um die Reife zu beurteilen. Im Herbst jedoch sollten empfindliche Gemüse wie Tomaten, Gurken und

zarte Salate rechtzeitig vor Frosteinbruch geerntet sein.
➤ **Kräuter** werden am besten morgens nach dem Abtrocknen des Taus geerntet.

> *Beim Pflücksalat werden nur jeweils die untersten Blätter abgebrochen.*

Obst ernten

Die Obsternte ist einer der Höhepunkte im Naschgarten.

➤ Wenn Sie Leitern verwenden, achten Sie auf deren Standsicherheit! Gefahrloser erreichen Sie mit langstieligen Obstpflückern die süßesten Früchte ganz oben.

➤ Ernten Sie Kern- und Steinobst bereits zur Pflückreife und lagern Sie es (→ Seite 40/41).

➤ Pflücken Sie Kirschen und Erdbeeren mit Stiel, damit ihr Saft nicht ausläuft.

Gemüse ernten

Gemüse ist Vielfalt pur, entsprechend unterschiedlich kann geerntet werden:

➤ Bereits jung und damit besonders zart lassen sich z.B. Bohnen, Erbsen und Möhren ernten.

➤ Zucchini werden jung gepflückt. Nur solche zum Füllen lässt man wachsen.

➤ Nach früher Ernte von Brokkoli oder Sommerwirsing treiben aus den Strünken erneut zarte Triebe nach.

➤ Salate müssen geerntet sein, bevor sie lange Blütentriebe ausbilden, also zu schießen beginnen.

➤ Einlegegurken werden 6–12 cm lang gepflückt, Senf-

> *Späte Rotkohl-Sorten können bis zu den ersten Frösten draußen bleiben.*

gurken lässt man reifen, bis sie gelb werden.

Kräuter ernten

Bereits nach Austriebsbeginn können Sie in kleinen Mengen erste Blätter und Triebe abzupfen. Die meisten Kräuter erntet man bis kurz vor der Blüte. Entweder Sie schneiden die Triebe bodennah ab wie z.B. bei Estragon und Schnittlauch oder Sie pflücken einzelne Blätter wie bei Basilikum und Salbei. Die Wurzeln von Wurzelpetersilie und Meerrettich erntet man, sobald die Blätter abgestorben sind. ∎

PRAXISINFO

Auch im Winter ernten

✗ Grün- und Rosenkohl lässt man auf dem Beet stehen. Sie bilden erst nach den ersten Frösten ihr volles Aroma aus.

✗ Winterfeste Feldsalat-Sorten bleiben ebenfalls draußen. Wenn Sie das Beet rechtzeitig mit einem Vlies abdecken, können Sie den Salat bei Schnee viel leichter ernten.

✗ Winterendivien und -porree lässt man bis zu den ersten stärkeren Frösten im Freien. Dann werden sie mit der Wurzel ausgegraben und in einer Kiste mit feuchter Erde bedeckt. Lagern Sie sie kühl in Garage oder Keller.

Vorräte anlegen

Meint es der Naschgarten zu gut mit Ihnen, können Sie Ernte-Überschüsse lagern und konservieren.
Wer einen kühlen, nicht zu trockenen Keller oder Nebenraum hat, kann Kernobst und Gemüse wie Kohl, Möhren ohne Laub, Winterrettich und Zwiebeln dort lagern. Viele Keller sind aber zu warm und viele Arten sind grundsätzlich nicht lange lagerfähig. In diesen Fällen wird auf Konservierungsmethoden wie Einfrieren, Einkochen, Einlegen oder Trocknen zurückgegriffen. Verwenden Sie für Vorräte nur Erntegut bester Qualität. Beim Einmachen ist Hygiene wichtig (→ CHECKLISTE), sonst können sich Schimmelpilze einnisten.

Einfrier-Einmaleins
Bei dieser Methode bleiben alle Inhaltsstoffe erhalten. So frieren Sie richtig ein:
➤ Das Gefriergut nur abgetrocknet frosten.
➤ Verwenden Sie geeignete Behälter und beschriften Sie diese mit Datum und Inhalt.
➤ Wählen Sie für Ihren Haushalt bestens geeignete Portionsgrößen.
➤ Beeren nebeneinander legen und am besten schockgefrieren oder püriert einfrieren.
➤ Die beste Konservierungsart für alle Gemüse – außer Fruchtgemüse wie Gurken und Tomaten – ist das Frosten. Frieren Sie Gemüse nicht roh ein. Besonders grüne Bohnen sollten Sie vorher

> *Frische, in Essig und Dill eingelegte Gurken sind ein Genuss.*

kurz in kochendem Wasser blanchieren und dann in Eiswasser abschrecken.
➤ Kräuter werden gewaschen, abgetrocknet, zerkleinert und in Dose, Beutel oder Eiswürfelformen eingefroren. Gut eignen sich dafür Dill, Petersilie und Schnittlauch.

Obst haltbar machen
➤ Beeren liefern schmackhafte Konfitüren. Für 1 kg Früchte brauchen Sie die gleiche Menge an Gelierzucker.
➤ Für Kompotte (auf 4 Teile Früchte rechnet man 1 Teil Gelierzucker) eignen sich Kern- und Steinobst.
➤ Äpfel, Birnen und Zwetschgen können, in dünne

> *Für Himbeeressig verwenden Sie aromatische Früchte und besten Essig.*

Schnitze geschnitten, bei 35 °C im leicht geöffneten Backofen gedörrt werden.

➤ Sauerkirschen oder Schwarze Johannisbeeren ergeben leckere Aufgesetzte: Eine saubere, verschließbare Flasche zur Hälfte mit dem Obst füllen, drei Finger breit Kandis und etwas Zimtrinde darüber geben und die Flasche mit 32%-igem Korn auffüllen. Acht Wochen an warmem Ort ziehen lassen.

Gemüse haltbar machen

➤ Aus Tomaten lässt sich haltbarer Sugo kochen.

➤ Gurken werden ganz klassisch in Essig eingelegt. Sie brauchen 1 kg kleine Einlegegurken, 100 g Meersalz, 10 Dillblüten und 1 Bund Dill, 1 TL weiße Pfefferkörner, 1 Lorbeerblatt, $3/4$ l Weinessig und 3 EL Zucker. Lassen Sie die Gurken in einer Mischung aus $1^{1}/_{2}$ l Wasser und dem Salz einen Tag ziehen. Schichten Sie sie zusammen mit den Dillblüten in sterilisierte Gläser. Den Essig mit den restlichen Zutaten aufkochen, mit Zucker abschmecken und den abgekühlten Sud über die Gurken gießen. Vor dem Probieren 14 Tage ziehen lassen.

➤ *Kräuter werden in kleinen Bündeln an einem luftigen Ort getrocknet.*

Kräuter für den Winter

➤ Hängen Sie sie in dünnen Bündeln an einem luftigen Ort zum Trocknen auf. Sie schimmeln sonst leicht.

➤ Ein Genuss in Öl sind Basilikum, Majoran, Oregano, Rosmarin, Salbei und Thymian. Einfach zwei handgroße Zweige in eine Flasche mit Olivenöl geben und acht Wochen ziehen lassen.

➤ Zur Aromatisierung von Essig eignen sich Dill, Estragon oder Himbeeren. ◼

CHECKLISTE

Fruchtiges vor Verderb bewahren

✔ Denken Sie daran, die Einmachgläser heiß und sorgfältig zu reinigen.

✔ Füllen Sie Marmelade & Co ganz heiß in die frisch gereinigten Gläser.

✔ Geben Sie einen Esslöffel Rum obenauf, bevor Sie das Glas mit Cellophan verschließen.

✔ Wenn Sie Gläser mit Drehverschluss verwenden: Stellen Sie diese direkt nach dem Füllen für einige Stunden auf den Kopf.

Pflanzenporträts

Obst

Obst im Naschgarten, das ist der pure Genuss – von der Hand in den Mund! Leckere Erdbeeren im Juni, dazu fein säuerliche Stachelbeeren, im Juli und August ergänzt durch Brombeeren, Johannisbeeren und Himbeeren. Der Schwerpunkt liegt hier auf dem Beerenobst, denn im Küchengarten lässt es sich an sonnigen Plätzen im Garten und auf dem Beet sowie in Gefäßen auf Balkon und Terrasse besonders leicht ziehen. Es braucht erstaunlich wenig Platz und kann doch sehr attraktiv wirken, wie z. B. ein Johannisbeer-Hochstämmchen. Der Anbau lohnt sich auch deshalb, weil mit Ausnahme der Erdbeeren die empfohlenen Arten im Handel selten bis gar nicht zu haben oder teuer sind.
In den Tabellen finden Sie noch weitere leckere Obstarten: Kernobst wie Äpfel, Birnen und Quitten, Steinobst wie Süß- und Sauerkirschen und Zwetschgen. Für den kleinen Küchengarten eignen sich vor allem Formen mit schwachem Wuchs.

Brombeere
Rubus fruticosus

Höhe: ca. 200 cm
Ernte: Ende Juli – Anfang Sept.
mehrjähriger Klimmer

➤ **sehr sonnenhungrig** ✿

Aussehen: klimmender Strauch mit langen Trieben; je nach Sorte bedornt oder unbedornt
Anbau: Pflanzung ganzjährig, sollte fächerförmig an Spalier gezogen werden
Pflege: abgetragene Ruten im Frühjahr entfernen
Besonderheiten: bedornte Sorten gelten als aromatischer und frostfester
Verwendung: zum Frischverzehr, für Quark- und andere Nachspeisen, zum Backen, für Fruchtaufstriche, Säfte

Erdbeere
Fragaria x *ananassa*

Höhe: ca. 30 cm
Ernte: Juni
zweijährig gezogen

➤ **sehr ertragreich** ✿

Aussehen: mehrjährige Staude mit einer Blattrosette, bildet zahlreiche Ausläufer
Anbau: Pflanzung Ende Juli/Anfang August, Abstand 30 x 40 cm; Pflanzen alle zwei Jahre erneuern
Pflege: gleichmäßig feucht halten, Früchte auf Stroh betten
Besonderheiten: verlangt humosen Boden, im ersten Jahr Ausläufer entfernen
Verwendung: Frischverzehr, für Quark- und andere Nachspeisen, in Grützen, zum Backen, für Fruchtaufstriche

✿ pflegeleicht Sonne Halbschatten ● Schatten

Himbeere
Rubus idaeus

Höhe: 150 cm
Ernte: Juni – Frostbeginn
mehrjähriger Strauch

➤ **leicht zu ziehen** ✿

Aussehen: Strauch mit langen Trieben, die im ersten Jahr wachsen, im zweiten fruchten
Anbau: Pflanzung im Herbst, fünf Jungpflanzen pro Meter, meist Stützspalier erforderlich
Pflege: Ruten am Spalier anbinden, ca. 10 Ruten pro m belassen, Rest entfernen, abgetragene Ruten nach der Ernte abschneiden
Besonderheiten: sommer- und herbsttragende Sorten
Verwendung: Frischverzehr, für Nachspeisen, zum Backen, für Fruchtaufstriche

Johannisbeere
Ribes-Arten

Höhe: 150 cm
Ernte: Ende Juni – Ende Aug.
mehrjähriger Strauch

➤ **sehr geschmackvoll** ✿

Aussehen: aufrechter Strauch mit je nach Art weißen, roten oder schwarzen Früchten
Pflege: Pflanzung ganzjährig, am besten im Herbst, Pflanzabstand 2 x 2 m, regelmäßig auslichten
Besonderheiten: es gibt Sträucher und Hochstämmchen, Schwarze Johannisbeeren gedeihen auch noch passabel im Halbschatten
Verwendung: Frischverzehr, für Nachspeisen, in Grützen, zum Backen, für Fruchtaufstriche, Liköre und Säfte

Stachelbeere
Ribes uva-crispa

Höhe: 100 cm
Ernte: Anfang Juni – Mitte Aug.
mehrjähriger Strauch

➤ **sehr aromatisch** ✿

Aussehen: Strauch mit bedornten Trieben; es gibt Sorten mit grünen, weißen, gelben oder roten Früchten
Pflege: Pflanzung ganzjährig, am besten im Herbst, Pflanzabstand 1,2 x 1,2 m, regelmäßig auslichten, am besten bei der Ernte
Besonderheiten: außer Sträuchern gibt's auch Stämmchen; nur mehltauresistente Sorten verwenden
Verwendung: Frischverzehr, für Nachspeisen, in Grützen, zum Backen, für Aufstriche

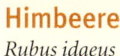

Gemüse

Gemüse ist immer etwas Feines. Aber einige Gemüse sind eben noch etwas feiner als die anderen: Fruchtgemüse wie Paprika und Zucchini verführen zusammen mit Tomaten (→ Seite 20) geradezu zu leichten, mediterranen Gerichten. Und ausgesprochen exotisch ist die kleine Andenbeere. Ihre fein-säuerlichen Früchte, die in kleinen »Lampions« reifen, sind auch unter dem Namen Kap-Stachelbeere oder Physalis bei uns erhältlich. Alle diese Fruchtgemüse lassen sich Platz sparend im Kübel ziehen. Hülsenfrüchte wie die attraktive Feuerbohne verbessern den Boden und liefern uns wertvolles Eiweiß. Sie klettern an Stangen oder Zäunen und können als Sichtschutz dienen. Der aromatische Knollenfenchel gehört übrigens nicht wie der Knollensellerie zum Knollengemüse. Seine Scheinknolle wird von Blattstielen gebildet, deshalb zählt er zum Stielgemüse. Daneben gibt es noch Kohl-, Lauch-, Wurzel- und Zwiebelgemüse (→ Seite 52/53).

Andenbeere
Physalis edulis

Höhe: 150 cm
Ernte: Aug. – Frostbeginn
einjährige Pflanze

➤ **essbare Dekoration** ✿

Aussehen: kräftiger Busch mit gelben, kugeligen Früchten in lampionartigen Hüllen
Anbau: Pflanzung Mitte Mai im Abstand 50 x 60 cm am besten am Stab (→ Tomate, Seite 21), in rauen Lagen im Kleingewächshaus
Pflege: gleichmäßig feucht halten, mäßig düngen, Triebe stets nachbinden
Besonderheiten: Früchte sind einige Zeit lagerfähig
Verwendung: Rohverzehr, zum Speisendekorieren, für fruchtig-würzige Kompotte

Feuerbohne
Phasaeolus coccineus

Höhe: 300 cm
Ernte: Aug. – Sept.
einjähriges Gemüse

➤ **zierende Blüten** ✿

Aussehen: dekorative Kletterpflanze; Blüte leuchtend rot, Juni/Juli
Anbau: Aussaat an Bohnenstangen oder Kletterhilfe, fünf Bohnen pro Stange 2 cm tief legen
Pflege: gleichmäßig feucht halten, wenig düngen
Besonderheiten: braucht windgeschützten Platz; auf Befall mit Spinnmilben und Bohnenlaus achten
Verwendung: die grünen Bohnen als Gemüse oder Salat, Kerne für Eintöpfe, Suppen

 pflegeleicht ☼ Sonne ◑ Halbschatten ● Schatten

Knollenfenchel
Foeniculum vulg. var. *azoricum*

Höhe: ca. 50 cm
Ernte: Ende Sept. – Ende Okt.
einjähriges Gemüse

➤ **sehr aromareich**

Aussehen: die Blattstiele bilden eine Scheinknolle
Anbau: als Nachkultur von frühen Salaten, Pflanzung ab Mai, Aussaat im Freien Mitte Juni – Mitte Juli, Reihen mit 35 cm Abstand
Pflege: in der Reihe später auf 25 cm Abstand ausdünnen, ab Mitte Sept. Knollen anhäufeln
Besonderheiten: verträgt leichten Frost bis –5 °C
Verwendung: Knollen gedünstet als Gemüse und zu Kochfisch, Laub zur Würze von Fischsuppen

Paprika
Capsicum annuum

Höhe: 60–120 cm
Ernte: Aug. – Okt.
einjährige Pflanze

➤ **Vitaminbombe**

Aussehen: zierlicher Busch mit weißen Blüten
Anbau: Pflanzung Mitte Mai im Abstand 50 x 60 cm am besten am Stab (→ Tomate, Seite 21), in rauen Lagen im Kleingewächshaus ziehen
Pflege: gleichmäßig feucht halten, mäßig düngen
Besonderheiten: die erste Blüte, die sich unten an der Pflanze entwickelt, wird ausgezwickt
Verwendung: roh zur Brotzeit oder als Salat, gedünstet oder pikant gefüllt

Zucchini
Cucurbita pepo

Höhe: 60 cm
Ernte: Juni – Frostbeginn
einjähriges Gemüse

➤ **vielseitiges Gemüse** ✿

Aussehen: große Pflanze mit Blattrosette, gelbe Blüten, je nach Sorte grüne, schwarzgrüne oder gelbe Früchte
Anbau: Pflanzung nach Mitte Mai, Abstand 1 x 1 m
Pflege: ausreichend feucht halten, mäßig düngen
Besonderheiten: kleine Früchte sind zarter als große, die sich wiederum besser zum Füllen eignen
Verwendung: Blüten gefüllt und gedünstet, Früchte roh in Salaten oder gekocht bzw. pikant gefüllt

Salate

Köstliche Salate! Sie sind erfrischend und lecker, ob sie nun als Beilage oder aber als Hauptgericht dienen. Salat – wer da allein an Kopfsalat oder knackigen Eissalat denkt, der hat noch nicht die ganze Vielfalt dieses variantenreichen Gemüses entdeckt. Kopfsalate werden meist in grünen Sorten angeboten. Grund genug, im Naschgarten einmal die würzigeren, braunblättrigen zu probieren. Sie gedeihen auch noch in Gefäßen und mit ihnen lassen sich sogar farbige Muster gestalten.

Pflücksalate haben grüne oder braunrote, gekrauste oder gefiederte Blätter. Sie können fortwährend geerntet werden und bringen bunte Abwechslung in die Salatschüssel. Das Gleiche gilt für die sehr würzigen Asia-Salate, sie kommen aus der fernöstlichen Küche. Rucola hingegen hat aus Italien den Weg zu uns gefunden. Nicht zu vergessen das Highlight von hier, der Feldsalat. Er ist unser nussig-aromatischer Begleiter im Winterhalbjahr geworden.

Asia-Salat
Mibuna mizuna

Höhe: 15–20 cm
Ernte: Mai – Okt.
einjähriges Gemüse

 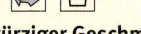

➤ **würziger Geschmack** ✿

Aussehen: japanisches Blattgemüse mit stark gefiederten Blättern; als Asia-Salat werden auch andere Arten geführt
Anbau: März – Aug., Reihenabstand 20 cm, in der Reihe 3–5 cm
Pflege: entweder jung ernten oder auf 10–15 cm vereinzeln; wenig düngen
Besonderheiten: sehr schnellwüchsig und ertragreich
Verwendung: vor allem für Salatmischungen; der Geschmack ist leicht scharf und bitter wie bei Stielmus

Eissalat
Lactuca sativa var. *capitata*

Höhe: 25 cm
Ernte: Mai – Frostbeginn
einjähriges Gemüse

➤ **Garten-Klassiker**

Aussehen: bildet typische Kopfsalatform
Anbau: ab Ende April aussäen, später Jungpflanzen auf 30 x 30 cm Abstand setzen, hoch pflanzen!
Pflege: gleichmäßig feucht halten, mäßig düngen; zum Schutz vor Blattläusen Vlies auflegen
Besonderheiten: mehltaufeste und gegen Sonnenbrand unempfindliche Sorten verwenden, Früh- und Spätsorten beachten
Verwendung: als Salat

✿ pflegeleicht ☼ Sonne ◑ Halbschatten ● Schatten

Feldsalat
Valerianella locusta

Höhe: 10 cm
Ernte: Okt. – April
einjähriges Gemüse

➤ **nussiges Aroma** ✿

Aussehen: Rosette mit dunkelgrünen Blättern
Anbau: Aussaat Ende August/Anfang Sept. oder Mitte März/Anfang April in Reihen, Abstand 10–15 x 15–20 cm
Pflege: vor dem Schneefall mit Vlies bedecken, um die Ernte zu erleichtern
Besonderheiten: Ernte der Herbstsaat im Winter, der Frühjahrssaat im Frühjahr
Verwendung: als Salat mit Vinaigrette, Croutons und Speckwürfeln

Pflücksalat
Lactuca sativa var. *crispa*

Höhe: ca. 30 cm
Ernte: Mai – Frostbeginn
einjähriges Gemüse

➤ **interessanter Wuchs** ✿

Aussehen: sehr lockerer Kopf, der durch die Ernte zu einem Hochstämmchen wird
Anbau: ab Ende März direkt aussäen, Reihenabstand 30 cm, nicht zu dicht säen bzw. in der Reihe vereinzeln auf 25–30 cm Abstand
Pflege: gleichmäßig feucht halten, mäßig düngen; zum Schutz vor Blattläusen Vlies auflegen
Besonderheiten: geerntet werden, von unten beginnend, die großen Blätter
Verwendung: als Salat

Rucola
Eruca sativa

Höhe: 25–30 cm
Ernte: Juni – Frostbeginn
einjähriges Gemüse

➤ **würzige Besonderheit** ✿

Aussehen: Rosettenpflanze mit gefiederten Blättern, ähnlich Löwenzahn, aber mit schmalen Blättern, ohne Milchsaft
Anbau: Aussaat im Mai, fortlaufende Aussaat möglich, Abstand der Reihen 25–30 cm
Pflege: gleichmäßig feucht halten, mäßig düngen
Besonderheiten: beizeiten ernten, nicht zu groß und hart werden lassen
Verwendung: roh als Salat, pur oder gemischt mit Blattsalaten; gehackt unter Spaghetti; würzig auch auf Pizza

Kräuter

Kräuter sind köstlich! An ihnen zeigen sich abermals die Vorzüge des eigenen Küchengartens: Denn selbst Kräuter zu ziehen, bedeutet, sie jederzeit griffbereit zu haben, um Speisen aromatischer und bekömmlicher zu machen, um Salate mit feinwürziger Note abzurunden und ihnen den letzten Pfiff zu geben. Hier finden Sie Empfehlungen zu Kräutern, die in keiner Küche fehlen sollten. Allesamt sind sie leicht selbst zu ziehen, jedoch können Sie sie auch in Töpfen vorgezogen vom Gärtner kaufen. Sie gedeihen gut im Beet wie in Gefäßen. Basilikum, Rosmarin und Thymian bringen Ihnen mediterranes Flair. Mit Basilikum & Co ist im Küchengarten der Anfang gemacht: Zahlreiche andere Kräuter, darunter viele dekorative, warten nur darauf, von Ihnen entdeckt zu werden. Kombinieren Sie sie auch nach den Regeln der Mischkultur (→ Seite 23) mit Gemüse, damit sich die Pflanzen gegenseitig gesund halten und gedeihen.

Basilikum
Ocimum basilicum

Höhe: 30–50 cm
Ernte: Juni – Nov.
einjähriges Kraut

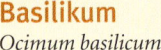 **besonders aromatisch**

Aussehen: einjähriges Kraut; je nach Sorte mit grünen oder roten Blättern; Blüten von Juni–September
Anbau: Aussaat oder Pflanzung nach Mitte Mai, Abstand 25 cm
Pflege: gleichmäßig feucht halten, mäßig gießen
Besonderheiten: besonders bei Pflanzen innen auf der Fensterbank auf Befall mit Spinnmilben achten
Verwendung: nicht mitgaren! zu Tomaten und frischen Blattsalaten, in Pesto, eingelegt in Olivenöl

Petersilie
Petroselinum crispum

Höhe: ca. 30 cm
Ernte: April – Nov.
zweijähriges Kraut

➤ **voller Vitamine** ✿

Aussehen: zweijähriges Kraut mit Blattrosette; je nach Sorte glatte oder gekrauste Blätter
Anbau: jährlich neue Aussaat oder Pflanzung ab Mitte April, Reihenabstand 25 cm
Pflege: gleichmäßig feucht halten, Fruchtwechsel
Besonderheiten: verlangt nahrhaften Boden, auf Befall mit Blattläusen achten
Verwendung: laufend frische Blätter, aber auch getrocknet oder gefrostet – für Salate, Suppen, Kartoffel- und Gemüsegerichte; nicht mitgaren

 pflegeleicht ☼ Sonne Halbschatten ● Schatten

Rosmarin
Rosmarinus officinalis

Höhe: ca. 70 cm
Ernte: ganzjährig
mehrjähriger Halbstrauch

➤ **besonders aromatisch**

Aussehen: mehrjähriger, im unteren Teil verholzender, immergrüner Halbstrauch mit nadelförmigen Blättern
Anbau: Pflanzung ab Ende April, meist als Einzelpflanze
Pflege: wenig düngen und gießen, evtl. im Frühjahr in Form schneiden
Besonderheiten: im Beet Winterschutz mit Fichtenreisig, im Kübel hell und kühl (5 °C) überwintern
Verwendung: stets mitgaren, frisch oder getrocknet zu Lamm, Kartoffeln und Gemüse

Schnittlauch
Allium schoenoprasum

Höhe: ca. 30 cm
Ernte: April – Nov.
mehrjähriges Zwiebelkraut

➤ **vielseitig und ergiebig** ✿

Aussehen: Zwiebelpflanze mit röhrenförmigen Blättern; im Juni/Juli kugelförmige, rosa-violette, essbare Blüten
Anbau: Aussaat oder Pflanzung ab Ende April
Pflege: feucht halten, vor der Blüte und im Herbst zurückschneiden
Besonderheiten: im Herbst ausgegrabene, getopfte Pflanzen können auf der Fensterbank angetrieben werden
Verwendung: frisch, gefrostet oder getrocknet für Salate, Soßen, Suppen, Kräuterquarks

Thymian
Thymus vulgaris

Höhe: 30 cm
Ernte: ganzjährig
mehrjähriger Halbstrauch

➤ **hocharomatisch** ✿

Aussehen: kleiner, an der Basis verholzender Strauch mit schmalen, immergrünen Blättern an zierlichen Trieben
Anbau: Aussaat oder Pflanzung ab Ende April
Pflege: nicht zu feucht halten, kaum düngen, evtl. Formschnitt im Frühling
Besonderheiten: es gibt interessante buntlaubige Formen wie Zitronenthymian
Verwendung: stets mitgaren, Blätter und junge Triebspitzen frisch oder getrocknet zu Lamm, Kartoffeln und Gemüse

Noch mehr Gemüse

Wok-Gemüse

Name	Aussehen	Anbau	Pflege	Besonderheiten	Verwendung
Blumenkohl *Brassica oleracea var. botrytis*	50 cm hohe Blattrosette mit weißen Knospen in der Mitte	Pflanzung oder Aussaat Mitte Mai, Pflanzung 50 x 50 cm	stark düngen, gleichmäßig wässern	faustgroße Köpfe mit darüber geknickten Blättern der Pflanze bedecken	weißen Blütenstand für Aufläufe, Gemüse und Salate, gefüllt mit Hackfleisch
Brokkoli *Brassica oleracea var. italica*	langer Spross mit knospigem Blütenstand	Aussaat oder Pflanzung Mitte Mai – Mitte Juni, 50 x 50 cm	stark düngen, gleichmäßig wässern	rechtzeitig vor der Blüte ernten, ältere Triebe schälen	grünen oder violetten Blütenstand für Aufläufe, Gemüse und Salate
✿ **Buschbohnen** *Phaseolus vulgaris var. nanus*	ca. 35 cm hohe Büsche	Aussaat Mitte Mai – Mitte Juli, 45 x 50 cm	ca. 15 cm hohe Pflanzen mit Erde anhäufeln	je 5 Samen zusammen 2 cm tief säen (Horstsaat)	für Gemüse, Salate, Suppen, Eintöpfe, kein Rohverzehr (giftig)
Chinakohl *Brassica chinensis*	ca. 30 cm hohe, lang-schmale Kohlköpfe	Aussaat Mitte Juli – Anfang August, 15 x 30 cm	zu dichte Saat ausdünnen, stark düngen und wässern	nicht anbauen auf Beeten, wo unmittelbar zuvor bereits Kohl stand	Aufläufe, Gemüse und Salate, für gefüllte Kohlrouladen
✿ **Lauchzwiebeln** *Allium cepa*	ähnlich dem Porree, aber mit Zwiebel	Aussaat April, 25 cm Reihenabstand	in der Reihe bei dichtem Stand evtl. ausdünnen	nicht über das Laub wässern, jung ernten	für Salate, Kräuterquark oder als gekochtes Gemüse
✿ **Maiskölbchen** *Zea mays* convar. *saccharata*	2 m hohes, schlankes Gras mit 2–3 Maiskolben	Aussaat Anfang Mai, am besten als Doppelreihe, 25 x 70 cm	sehr stark düngen, ausreichend wässern	junge Kölbchen bei 10 cm Länge ernten, Kolben bei Gelbwerden (Milchreife)	Kölbchen für Mixed Pickles, Kolben gesotten
Möhren *Daucus carota* ssp. *sativus*	lange oder runde Wurzel mit buschigem Blattschopf	Aussaat Ende März, ca. 5 x 25 cm, Nachsaat bis Mitte Juni	ausreichend feucht halten	nicht in frisch mit Humus gedüngte Böden säen, Schutznetz auflegen	Gemüse, Rohkost, Suppen, Salate, Eintöpfe
Staudensellerie *Apium graveolens* var. *dulce*	lange fleischige Blattstiele mit Laub ähnlich Petersilie	Pflanzung ab Mitte Mai, Abstand 30 x 30 cm	kräftig düngen, gleichmäßig feucht halten	grüne Sorten sind zarter als gelbe, es gibt auch selbstbleichende	Stiele für Salate, Rohkost und zum Dippen, Blätter für Suppen, Eintöpfe
Zuckererbsen *Pisum sativum*	lange Triebe, an denen sich die Hülsen bilden	Aussaat ab Ende April 5 cm tief, ca. 5 x 40 cm	Reisig oder Maschendraht als Rankhilfe aufstellen	Hülsen früh ernten, sobald die Erbsen dick werden, kaum lagerfähig	Gemüse, Suppen, für Salate und Eintöpfe

Gourmet-Gemüse

Name	Aussehen	Anbau	Pflege	Besonderheiten	Verwendung
Grünkohl *Brassica oleracea* var. *sabellica*	krause Blätter, die schirmartig wachsen	Aussaat Juni–Juli, auf 50 x 50 cm versetzen	mäßig düngen, sonst anspruchs-los	nicht vor dem ersten Frost ernten oder vor Verzehr einfrieren	Gemüse, zu pikanter Wurst
Grünspargel *Asparagus officinalis*	typische Spargel-form, später fein beblätterte Wedel	Pflanzung Ende März bis Anfang Mai, 40 x 40 cm, 35 cm tief	ausreichend wäs-sern und düngen, Laub Anfang No-vember schneiden	nicht mehr nach dem 24. Juni ernten (Johannistag)	20–25 cm lange Spargel-stangen für Einzel- und Mischgerichte, bissfest gegart in Salaten
✿ **Schalotten** *Allium cepa* var. *aggregatum*	wie Zwiebeln, jedoch schmal und länglich	Aussaat im März, 5 x 20 cm	bei dichtem Stand vereinzeln, wenig düngen	Ernte nach Laubein-zug, ab August nicht mehr wässern	als besonders aroma-tische Speisezwiebel für Soßen, Salate
Teltower Rübchen *Brassica rapa* var. *rapa*	kleine Rübchen ca. 7–10 cm lang, mit kleinblättri-gem Laub	Aussaat Mitte März – Mitte August, 5 x 20 cm	feucht halten, mäßig düngen	fortlaufend nicht zu dicht aussäen, ggf. in der Reihe aus-dünnen	feinstes Rübengemüse (Goethes Lieblings-gemüse)

Dekorative Gemüse

Name	Aussehen	Anbau	Pflege	Besonderheiten	Verwendung
✿ **Mangold** *Beta vulgaris* ssp. *vulgaris*	ähnlich Sauer-ampfer, siehe unten	Aussaat April–Juni, 15–20 x 30 cm	gleichmäßig feucht halten, in der Reihe nicht zu dicht halten, sonst Befall mit Mehltau	es gibt weiß-, gelb- und rotstielige Sorten	Blattrippen wie Spargel, Blätter wie Blattspinat
✿ **Radieschen** *Raphanus sativus* var. *sativus*	15 cm hohes Pflänzchen mit roten oder weiß-roten Rübchen	Aussaat März bis Anfang Sep-tember, 5 x 15 cm	gleichmäßig feucht halten, sonst Gefahr, dass Knollen platzen	gegen Rettichfliege Schutznetz auflegen	Rohverzehr, für Salate, zum Speisendekorieren
Rotkohl *Brassica oleracea* var. *capitata* f. *rubra*	typischer runder Kopfkohl mit rot-blauem Laub	Aussaat ab Ende April, Pflanzung 50 x 50 cm	kräftig düngen, gut feucht halten	auf Raupenbefall achten	als Gemüse oder Salat, auch Rohkost
✿ **Topinambur** *Helianthus tuberosus*	bis 2 m hohe, dünnstielige, der Sonnenblume ähnliche Pflanze	Knollen Anfang Mai pflanzen, ca. 40 x 40 cm	anspruchslos, mäßig düngen	im Herbst die Wur-zelknollen ernten und geschält ver-zehren	gekocht ähnlich Bei-lagenkartoffeln, gerie-ben auch als Rohkost

Noch mehr Obst und Kräuter

Obst für den Küchengarten

Name	Aussehen	Anbau	Pflege	Besonderheiten	Verwendung
Apfel *Malus domestica*	Bäumchen mit gelben, roten oder grünen Früchten	am besten im Herbst pflanzen	Kronenerziehung und jährlicher Rückschnitt	schorf- und mehltauresistente Sorten pflanzen	Rohverzehr, Obstsalate, Kompotte, für Obstkuchen
Birne *Pyrus communis*	Bäumchen mit gelben, roten oder grünen Früchten	am besten im Herbst pflanzen	Kronenerziehung und jährlicher Rückschnitt	auf Birnengitterrost achten und vor Befall spritzen	Rohverzehr, Obstsalate, Kompotte, zum Backen, für Desserts
Sauerkirsche *Prunus cerasus*	Bäumchen mit roten oder schwarzroten Kirschen	am besten im Herbst pflanzen	Kronenerziehung und kräftiger Rückschnitt zur Neutriebbildung	moniliaresistente Sorten pflanzen	Rohverzehr, Kompotte, zu Süßspeisen, zum Backen und zum Ansetzen von Likör
✿ **Süßkirsche** *Prunus avium*	Bäumchen mit gelben, roten oder schwarzen Früchten	am besten im Herbst pflanzen	Kronenerziehung, ältere Bäume etwas auslichten	platzfeste Sorten pflanzen	Rohverzehr, Kompotte, zu Süßspeisen, zum Backen
✿ **Zwetschge** *Prunus domestica*	Bäumchen mit blauen bis violetten Früchten	am besten im Herbst pflanzen	Kronenerziehung erforderlich, später nur etwas auslichten	scharkaresistente Sorten pflanzen	Rohverzehr, Obstsalate, Kompotte, zum Backen, für Zwetschgenmus

Dekorative Kräuter

Name	Aussehen	Anbau	Pflege	Besonderheiten	Verwendung
✿ **Basilikum, Rotlaubiges** *Ocimum basilicum* 'Dark Opal'	ca. 50 cm hohes Kraut mit rotem Laub	Aussaat oder Pflanzung ab Mitte Mai, Abstand 15 cm	wenig düngen, gleichmäßig feucht halten	vor der Blüte ernten, ggf. nachsäen oder nachpflanzen	roh zu Tomaten und Blattsalaten, nicht mitkochen, auch zum Aromatisieren von Öl
Minze, Weißbunte *Mentha x gentilis* 'Variegata'	ca. 40 cm hohe Staude mit kleinen, weißbunten Blättern	Pflanzung von März bis Ende September	mäßig düngen, feucht halten, gelegentlich zurückschneiden	dem Boden aufliegende Zweige bewurzeln leicht, wuchert gern	für Longdrinks, zum Dekorieren von Speisen, für Saucen und Tee

Name	Aussehen	Anbau	Pflege	Besonderheiten	Verwendung
Salbei, Dreifarbiger *Salvia officinalis* 'Tricolor'	ca. 35 cm hoher, im unteren Teil verholzender Halbstrauch	Pflanzung März bis Ende September	wenig düngen, im Frühjahr Strauch um ca. ein Drittel zurückschneiden	im Winter mit Fichtenreisig als Frostschutz bedecken	Blätter und Triebspitzen zu Aal, Lamm, Naturschnitzel, Kartoffelsuppen
Sauerampfer, Rotgeaderter *Rumex sanguineus* var. *sanguineus*	ca. 30 cm hohe, lanzettliche, zarte Blätter an kräftigeren Stielen	Aussaat mit 25 cm Reihenabstand, nicht zu dicht säen	kräftig düngen, gleichmäßig feucht halten	Blütentriebe im Entstehen ausbrechen	für Salate, für Rahmsuppe, nicht für Schwangere und bei Nierenerkrankungen!
Thymian, Goldgerandeter *Thymus caespititius* 'Aureus'	ca. 15 cm hoher Zwerstrauch mit goldrandigen Blättern	Pflanzung von März bis Ende September	nicht zu feucht halten, kaum düngen	häufig Triebe ernten, so wächst er buschiger	frisch oder getrocknet zu Lamm, mediterranen Gerichten
Zitronenmelisse, Gelbgrüne *Melissa officinalis* 'Variegata'	ca. 30 cm hohe Staude mit kleinen Blättern und gelbgrüner Belaubung	Pflanzung von März bis Ende September	gedeiht besser im Halbschatten, gleichmäßig feucht halten, wenig düngen	Rückschnitt fördert frische, zarte Triebe, neigt zum Wuchern	für Salate, als Garnitur für Drinks

Essbare Kräuterblüten

Name	Aussehen	Anbau	Pflege	Besonderheiten	Verwendung
Boretsch *Borago officinalis*	ca. 70 cm hohe, verzweigte Pflanze mit hellblauen Blüten	ab April wiederholt aussäen	zur Blüte, einige wenige Pflanzen einzeln stellen	Samen rechtzeitig entfernen, sonst Selbstaussaat	junge Blätter und die Blüten für Salate, essbare Speisendekorationen
Gewürztagetes *Tagetes tenuifolia*	bis 30 cm hohe, kompakte Sommerblume mit orangen Blüten	Aussaat im April auf der Fensterbank, ab Mitte Mai ins Freie	anspruchslos, nicht zu feucht halten	auf Schneckenfraß achten, sie lieben Tagetes	Blüte und Blätter als Gewürz und zur Speisendekoration
Kapuzinerkresse *Tropaeolum majus*	rundliche Blätter an meterlangen Trieben; Blüten gelb, orange, rot	Aussaat ab Mitte Mai oder Pflanzung	kräftig gießen, mäßig düngen	stets auf Blattläuse kontrollieren, sie lieben Kapuzinerkresse	wie Gartenkresse, für Salate, Quarkspeisen, Pizzen
Ringelblume *Calendula officinalis*	30 cm hohe, meist eintriebige Pflanze mit gelborangen Blüten	breitwürfige Aussaat ab April, zu dichten Stand vereinzeln	anspruchslos, braucht kaum Pflege	Samen rechtzeitig entfernen, sonst Selbstaussaat	für Salate, Speisendekorationen, Blütenblätter zum Färben von hellen Saucen

55

Arbeitskalender

Januar – April: Ouvertüre im Küchengarten

JANUAR

➤ **Auswählen:** Gartenkataloge durchschauen und Wünsche notieren.

➤ **Gestalten:** Neue Ideen für den Naschgarten zu Papier bringen.

➤ **Pflegen:** Pflanzen im Winterquartier checken, vor allem immergrüne Arten ab und zu gießen; ab Monatsbeginn an frostfreien Tagen Obstgehölze schneiden

➤ **Verwerten:** Ernte von Feldsalat, Grünkohl, Porree und angetriebenem Schnittlauch.

FEBRUAR

➤ **Auswählen:** Saatgut auswählen und im Fachhandel besorgen.

➤ **Anlegen:** Anbauplan für alle Küchenpflanzen entwerfen.

➤ **Gestalten:** Für den Kübel geeignete Pflanzen in hübsche Gefäße topfen.

➤ **Pflegen:** Hochsaison für den Schnitt von Obstgehölzen.

➤ **Verwerten:** Winterkohl, Feldsalat und angetriebenen Schnittlauch ernten.

Mai – August: Eintauchen in die Naschgenüsse

MAI

➤ **Auswählen:** Nach den Eisheiligen das empfindliche Balkongemüse besorgen.

➤ **Anlegen:** Weiter Gemüse und Kräuter aussäen, Kohlarten pflanzen.

➤ **Gestalten:** Nach Mitte Mai den Terrassengarten fertig stellen.

➤ **Pflegen:** Rettich, Radieschen und Möhren mit Schutznetzen bedecken.

➤ **Verwerten:** Salate, frische Kräuter, ab Monatsende den ersten Spargel ernten.

JUNI

➤ **Auswählen:** Salatsorten für Nachsaaten kaufen.

➤ **Anlegen:** Abgeerntete Beetflächen nachsäen bzw. nachpflanzen.

➤ **Gestalten:** Jetzt Lavendel, Rosmarin und Salbei schön in Form schneiden.

➤ **Pflegen:** In Beeten Unkraut jäten; Schädlingskontrollen durchführen.

➤ **Verwerten:** Alle reifen Kräuter und Gemüse, Erdbeeren und Kirschen ernten.

September – Dezember: Schlussakkorde im Garten

SEPTEMBER

➤ **Anlegen:** Kräuterstauden teilen und neu pflanzen, letzte Aussaaten: Kresse, Salat.

➤ **Gestalten:** Ab Monatsende können Sie Beerensträucher und Kräuter setzen.

➤ **Pflegen:** Abgeerntete Beetflächen mit Gründüngerpflanzen einsäen.

➤ **Verwerten:** Erntezeit für alle reifen Kräuter, Gemüse und Obstsorten.

OKTOBER

➤ **Gestalten:** Balkongärten abräumen, Pflanzen vor dem Frost einwintern.

➤ **Pflegen:** Abgeerntete Beete säubern, wenn nötig, umgraben. Zur Bodenpflege leere Beete mit Gründünger einsäen.

➤ **Verwerten:** Alle Beete bis auf das Wintergemüse abernten, besonders nicht frostfeste Gemüse wie Tomaten, Paprika, Auberginen rechtzeitig ernten.

MÄRZ

- ➤ **Auswählen:** Stöbern Sie beim Gärtner oder im Gartencenter nach neuen Sorten.
- ➤ **Anlegen:** Gehölze pflanzen, Salat unter Folie setzen, erste Freilandsaaten.
- ➤ **Gestalten:** Beet aus Beerensträuchern und Kräutern pflanzen.
- ➤ **Pflegen:** Beete vorbereiten, letzte Gehölze schneiden, große Kräuterstauden teilen.
- ➤ **Verwerten:** Vorsichtig einige Spitzen von den ersten Kräutertrieben ernten.

APRIL

- ➤ **Auswählen:** Alle benötigten Kräuter in Töpfen besorgen.
- ➤ **Anlegen:** Erbsen legen, Mangold, Rettich und Radieschen säen.
- ➤ **Gestalten:** Am Monatsende Terrassengarten vorbereiten.
- ➤ **Pflegen:** An warmen Tagen tagsüber Kübelpflanzen ins Freie stellen.
- ➤ **Verwerten:** Ernte der ersten Salate, von Radieschen und frischem Kerbel.

JULI

- ➤ **Auswählen:** Erdbeerpflanzen besorgen und einsetzen.
- ➤ **Anlegen:** Endivien, Grün- und Rosenkohl, Pak Choy, Zuckerhut säen.
- ➤ **Gestalten:** Jetzt schöne Erdbeer-Kübel und Hängekörbe bepflanzen.
- ➤ **Pflegen:** Bei Trockenheit gießen, Tomaten ausgeizen, Gesundheits-Checks.
- ➤ **Verwerten:** Alle reifen Kräuter, Gemüse und das Beerenobst des Monats.

AUGUST

- ➤ **Anlegen:** Radieschen, Pflück- und Schnittsalate nachsäen, Feldsalat säen.
- ➤ **Pflegen:** In den Beeten hacken, Unkräuter entfernen, bei Trockenheit gießen; Schädlinge im Auge behalten, Beerensträucher auslichten.
- ➤ **Verwerten:** Alle reif werdenden Kräuter und Gemüse, Obst wie Brombeeren, Frühäpfel, frühe Birnen, Pfirsiche, Sauerkirschen und Zwetschgen ernten.

NOVEMBER

- ➤ **Anlegen:** Auf der Fensterbank Schnittlauch antreiben.
- ➤ **Pflegen:** Feldsalat mit Vlies schützen, das erleichtert auch die Ernte. Empfindliche Kräuter vor Frostbeginn mit Fichtenreisig bedecken.
- ➤ **Verwerten:** Chinakohl, Feldsalat, Winterrettiche, Winterkohl und -lauch und Winterportulak ernten.

DEZEMBER

- ➤ **Auswählen:** Frühzeitig die neuen Gartenkataloge zusenden lassen.
- ➤ **Pflegen:** Kübelpflanzen im Winterquartier checken, gelegentlich etwas gießen. Im Freien den Winterschutz von Beeten und Gefäßen überprüfen.
- ➤ **Verwerten:** Erntezeit für Chinakohl, Feldsalat, Winterrettiche, Winterkohl und -lauch und Winterportulak.

Die **halbfett** gesetzten
Seitenzahlen verweisen auf
Abbildungen.

Literatur

Engels, Sybille: Basic gardening. Gräfe und Unzer Verlag, München

Hensel, Wolfgang: Natürlich gärtnern schnell & einfach. Gräfe und Unzer Verlag, München

Kötter, Engelbert: Küchenkräuter schnell & einfach. Gräfe und Unzer Verlag, München

Simon, Herta, Becker, Jürgen und Nickig, Marion: Das große GU Gartenbuch. Gräfe und Unzer Verlag, München

Zeitschriften

FLORA
Gruner + Jahr AG & Co
20459 Hamburg

mein schöner Garten
Burda Senator Verlag GmbH
77652 Offenburg

Kraut & Rüben
DLV GmbH
80797 München

Adressen

Untersuchungsanstalten in Ihrer Nähe erfragen Sie über: Verband Deutscher Landwirtschaftlicher Untersuchungs- und Forschungsanstalten (VDLUFA), Bismarckstr. 41 A
64293 Darmstadt

Bildnachweis

Bornemann: 14, 31, 51 li., 51 re.; Borstell: 20 li., 23; Caspersen: U4 re.; Flora Press: 37 li.o., 37 u.; Franz: 2/3, 10 re., 50 li.; GBA/GPL: 39; Krieg: 40 re.; Mein schöner Garten/Krieg: 41; Nickig: 3, 7, 17, 47 li., 49 li., 49 mi., 64, U4 mi.; Pforr: 11, 46 li.; Redeleit: 8, 9, 44 re., U4 li.; Reinhard: 19, 21, 24, 26; Rogers: 28; Schneider/Will: U1, U2/1, 4/5, 13, 15, 16, 18, 22, 30, 34, 35, 38, 42/43, 44 li., 45, 46 re., 47 mi., 47 re., 48 li., 48 re., 49 re., 50 re., 51 mi.; StockFood/Studio R. Schmitz: 36; StockFood/S.&P. Eising: 37 re.; StockFood/Eising: 40 li.; Strauß: 6, 20 re., 25, 29; Strauß/GBA/Nichols: 10 li.; Strauß/GBA/Noun: 27.
Illustrationen von Judith Starck.
Fotos auf dem Umschlag und im Innenteil: Umschlagvorderseite: Gemüse und Beerenobst; Umschlag innen/S.1: kleiner Nutzgarten; S. 4/5: Beet gießen; S. 42/43: Zucchini *(Cucurbita pepo)*; S. 64: Salbei *(Salvia officinalis)*; Umschlagrückseite: Rote Johannisbeeren (li.), Oregano schneiden (mi.), Erbsen (re.).

Wichtige Hinweise

➤ Die meisten der vorgestellten Arten und Sorten sollten nicht im Übermaß verzehrt werden.

➤ Bohnen sind roh giftig und müssen gekocht werden.

➤ Bewahren Sie Dünge- und Pflanzenschutzmittel für Kinder und Haustiere unerreichbar auf.

➤ Befestigen Sie auf Balkon und Terrasse Gefäße so, dass sie nicht umstürzen oder herabfallen können.

➤ Wenn Sie sich bei der Arbeit verletzen, sollten Sie umgehend einen Arzt aufsuchen. Eventuell ist eine Impfung gegen Tetanus erforderlich.

Der Autor

Engelbert Kötter ist Staatlich geprüfter Gartenbautechniker mit langjähriger Berufserfahrung. Als freier Journalist arbeitet er heute nicht nur für namhafte Gartenzeitschriften und für das Fernsehen. Mit mehreren Gartenbüchern und in praxisnahen Vorträgen steht er auch Gartenfreunden mit Rat und Tat zur Seite.

Impressum

© 2003 Gräfe und Unzer Verlag GmbH, München Alle Rechte vorbehalten. Nachdruck, auch auszugsweise, sowie Verbreitung durch Film, Funk, Fernsehen und Internet, durch fotomechanische Wiedergabe, Tonträger und Datenverarbeitungssysteme jeder Art nur mit schriftlicher Genehmigung des Verlags.

Redaktionsleitung: Anne Hahnenstein
Redaktion: Angelika Holdau
Lektorat: Jolanda Englbrecht
Umschlaggestaltung und Layout: independent Medien-Design, München
Produktion: Renate Hutt
Satz: Uhl + Massopust, Aalen
Reproduktion: Longo, Bozen
Druck und Bindung: Kaufmann, Lahr
Printed in Germany

ISBN 3-7742-5745-0

Auflage	4	3	2	1
Jahr	2006	2005	2004	2003

GRÄFE UND UNZER

Ein Unternehmen der
GANSKE VERLAGSGRUPPE